Vollmond

Für Andreas,
der, immer schon,
schön mit mir teilt.

Vollmond

RESIÉ

dancing the alphabéat

Brainstorming zur Rewelt

vom 18. November 2021 bis
18. November 2022

Ein Heimspiel
von

HARTMUT DAVIN

Berlin

Bibliografische Information der Deutschen Nationalbibliothek:
Die Deutsche Nationalbibliothek verzeichnet diese Publikation
in der Deutschen Nationalbibliografie;
detaillierte bibliografische Daten sind im Internet
über dnb.dnb.de abrufbar.

© 2023 Hartmut Davin
Satz, Umschlaggestaltung, Herstellung und Verlag:
BoD – Books on Demand, Norderstedt
Buchumschlaggrafik: Hartmut Davin
www.davin-penthaon.de
www.penthaon.de

ISBN 978-3-7568-7931-1

Das heißt, man muss frei sein,
um die Sprache zu besitzen, die man braucht.
Herta Müller

Inhalt

Einleitung

Brainstorming bedeutet in der Übersetzung Denkrunde, Ideensammlung, Kopfsalat. In seiner Gesamtheit einen Text im Brainstormingformat zu schreiben, stellt eine Herausforderung an Leser*innen dar. Dafür bitte ich um Verständnis, da die Idee, eine Rewelt in aus den Fugen geratenen Zeiten orten zu wollen, für mich selbst die Herausforderung *Selbst* ist. Bedrängende Gegenbegriffe wie Kopfplatzen, Blutkopf, Hirnwichse melden Kreuze an, die sich gegen Selbstakteure selbst richten. Ein sloterdijksches intimes Kommunizierenkönnen in einem primären Dual als Gottes Patent ist bedroht, vom gefallenen Engel einer Antisphäre, die nun Umwelt genannt wird, ein über das andere Mal toxisch angstlüstern kolonialisiert zu werden.

In einer Zeit der Relationen, metaphysischer Obdachlosigkeit entrinnen zu wollen bzw. metaphysischem Begehren einen ontologischen Rückzugsraum zu lassen, ist und bleibt risikoreich in dem Sinn, selbst immer wieder aus der Zeit zu fallen, denn im kantschen Reich der Zwecke, wo jede*r a'giert und re'agiert, hat dem Kanon zufolge ja alles entweder einen Preis oder eine Würde.

Mit den Begriffen Selbst und Rewelt ist nun der Gebrauch des Selbst in der Rewelt ausgerichtet.

Glücklicherweise ist diese manierierte Übergangssituation nicht neu. Einige Gedanken sollen deshalb selbst'verständlich die Denkrunde einleiten. Wenn man einen einheitlichen Gedanken in seine Teile zerlegt, um ihn darzustellen, darf der Zusammenhang kein systematischer, es muss ein organischer sein. Ein Gedanke lässt sich nicht als organische Einheit darstellen. Die Leser*in kann die organische Einheit des Gedankens durch die Art der Lektüre jedoch re'konstruieren. Das Werk ist notwendigerweise deshalb zweimal zu lesen. Das erste Mal mit viel Geduld. Diese Geduld setzt auf den Glauben, dass der Anfang das Ende beinahe so sehr voraussetzt, wie das Ende den Anfang. Die Zuversicht des zweiten Lesens lässt vieles, wenn nicht gar alles in einem anderen Licht erscheinen.

Dieser schopenhauersche Lektürehinweis wird im vorliegenden Text dahingehend umgesetzt, dass die Gedanken in der linken Spalte einen chronologischen Reflexionsvorgang durchbürsten, das heißt, dass der zeitlich jüngste Eintrag ganz am Anfang der linken Spalte steht und damit dem linearen Zeitfluss des Schreibprozesses entspricht. In die rechte Spalte ist der gesamte Text zeitlich umgekehrt eingepflegt. Das älteste Datum befindet sich ganz am Anfang und das jüngste ganz am Ende der rechten Spalte.

Der Text ist herkömmlich zugänglich, wenn die rechte Seitenspalte zuerst als Fließtext, als chronologisch linear entstandener Gedanken- und Ideenfluss, bewusst von Anfang an gelesen wird.

Wenn die linke Spalte dann gelesen wird, erscheint jetzt alles in einem anderen Licht? Finden Geduld und Glaube Bestätigung, dass der Anfang das Ende beinahe so sehr voraussetzt, wie das Ende den Anfang?

Die Spaltentextform ermöglicht darüber hinaus eine kontingente Lesart, indem beide Spalten einer jeden Seite senkrecht hintereinanderweg oder einzelne Hashtageintragungen waagerecht zickzak auf jeder Seite oder zickzack durch den gesamten Text que(e)rgelesen werden. Die stehende oder stürzende Zeit liegt hier nun mehr oder weniger ausgedehnt über kreuz und Gedanken, Ideen kreuzen einander.

Was seinerzeit chronologisch linear verfasst wurde, leuchtet durch Kreuzen aufeinandertreffender Gedanken und Ideen am Schnittpunkt im gebserschen Verständnis aperspektivisch auf. Damit ist ein erweitertes Brainstorming gegeben, das im überkreuzgelesenen Spin aperspektivische Gedanken und Ideen re'evaluiert - dancing the alphabéat.

Ein selbst'verständlich spielerischer Umgang mit Texten, Sätzen, Symbolen, Zeichen und Buchstaben identifiziert ein kalkulierendes Katjekt ‚Re', das in der Re'Welt Gesicht zeigt, Antlitz ausrichtet. Und ein neuester Gebrauch des Selbst hebt schließlich einen cislationalen Namen aus der Taufe - Resié.

TEIL EINS

18. November 2021

bis 27. April 2022

Denn dies heißt richtig zum Erotischen gehen oder geführt werden, dass man von diesen schönen Dingen beginnend jenes Schönen wegen immer hinaufsteige, gleichsam auf Stufen steigend, von einem zu zweien und von zweien zu allen schönen Leibern und von den schönen Leibern zur schönen Lebensführung und von der schönen Lebensführung zu den schönen Erkenntnissen, bis man von den Erkenntnissen endlich zu jener Erkenntnis gelangt, welche die Erkenntnis von nichts anderem als jenem Schönen selbst ist, und man am Ende jenes Selbst, welches schön ist, erkenne. (Platon) Rewachsenen steht nicht immer Unterstützung und Hilfe im Ausrichtungsprozess durch andere zur Verfügung. *Als Sie früher schreiben lernten, brauchten Sie nur auf die ›Mittel zum Zweck‹, zur Reproduktion von Buchstaben, zu achten. Die Planung, die Beachtung des ›Endgewinns‹, war die Aufgabe des Lehrers.* (Perls) Bewusstheit der organischen Figur-Hintergrund-Bildung ist nötig, um die Ausrichtung Endgewinn im Blick zu behalten. Der Organismus reagiert, und wenn die Mittel zum Zweck untauglich geworden sind, entwickelt die Leib-Seele-Einheit einen neuen Gebrauch.

Große Freiheit – Film der Güte
Schönheit – Ressource der Güte
W-Ort Schönheit – Institut der Güte

Die Stille kommt an. Auch wenn ich mitten in der City West von Berlin im Café Einstein Kurfürstendamm Ecke Uhlandstraße bei Marzipancroissant und Cappuccino sitze. Ai Weiwei hat seine Biografie veröffentlicht und DER TAGESSPIEGEL ist voll des Lobes. Diese Stille und Regeneration sind meine Chance in der vierten Covidwelle. Refraktion, die Brechung von Erregungswellen lässt mich jetzt konkret ankommen. Diese Stille scheidet geradezu alchemistisch Echo von Resonanz – Widerhall wirkungsloser Empörungswellen.

Pneumo Pro Wind Director for beautiful flute tone

Heute schneit es. Der Einstein Cappuccino regt an. Schreiben, Literatur, Nobel, Gurnah – Schönheit

 # 26.04.22

Gender'sternchen*sprech

 # 25.04.22

5G-Symptome und die zunehmende Unzuverlässigkeit der Wahrnehmungsprozesse.

 # 24.04.22

Pornografie – die direkte Darstellung der menschlichen Sexualität oder des Sexualakts, in der Regel mit dem Ziel, den Betrachter sexuell zu erregen. (wikipedia)

Numerus limbo – ein bestimmter Schnitt im Abiturzeugnis, der unterschritten werden muss, um angenommen werden zu können; er ist generell so tief, dass man schon echt tief gesunken sein muss, um drunter durch zu kommen. (nopedia)

 # 23.04.22

Amazon, Apple, Google, Microsoft, Telekom – Metaversum.

 # 22.04.22

Orphische Antithese.

durch Tiefe, Lust, Jugendlebendigkeit.

 # 17.01.22

Das Ich funktioniert. Das Selbst agiert. Das Re gestaltet. Referenzpunkt Sterblichkeit einbeziehen heißt Detumeszenz, Degrowth nicht länger diskriminierend misszuverstehen als Impotenz, Verlust.

 # 25.01.22

Mokuso. Bewusst wird mir, dass ich einen ominösen Konkurrenztik pflege, indem ich Lars Eidingers mediale Omnipräsenz nicht verstehe(n will) und neidisch in der heutigen Berliner Morgenpost, da ein anderer Einsteingast den bevorzugten TAGESSPIEGEL in seinen Händen festhält, die Info lese, dass ihm Ehre zu Teil wird ›Mitglied der Akademie der Künste‹, Ehre, die ich ... !? Immer wieder schamvoller Sektiererschmerz, kindisch neidische Überempfindlichkeit, die Dankbarkeit blockiert.

 # 02.02.22

Wie öfter jetzt sitze ich hier im Café Einstein mit Blick auf den etwas entfernten Kurfürstendamm Ecke

21.04.22

Das ist die These. Was aufgeht, ist weg, man braucht es nicht mehr. Er wollte aufgehen in seiner Idee. Aufgehen, auflösen, erlösen – Richard Wagner und das deutsche Gefühl (Deutsches Historisches Museum Berlin, 2022). Endlichkeit ist keine Funktion der Sterblichkeit, Sterblichkeit ist eine Funktion der Endlichkeit. *Ein Flügelschlag – und hinter uns Äonen.* (Goethe)

20.04.22

Degrowthquintett: 1 Stoppzeichen 2 Heilfasten 3 Algorithmus 4 Kybernetik 5 Sexaholiker*in. Organismen sind Individuen und als solche nicht dividuierbar. Individuen sind sterblich, nicht teilbar.

19.04.22

Bewusstheit von Gebrauchsverhältnissen – Stoppzeichen einsetzen.

Heilfasten praktizieren –
Umstellung von Außenverzehr auf Innenverzehr.

Algorithmen veröffentlichen –
Wissen, dass es funktioniert, jedoch nicht wissen, wie es funktioniert.

Die Kunst des Steuerns –

Uhlandstraße auf dem Weg zum Kieserstudio oder von Kieser kommend – ein starker Rücken kennt keinen Schmerz. Die Mokuso-Tage halten an, doch reagiere ich sanfter gegen mich selbst, was beschämend genug bleibt, weil es überhaupt so ist – traurig. Ein Jahr nun schon im Übergang und es kommt wieder auf dieses handlungsorientierte Selbst an. Und immer wieder Anderl, mit dem ich selbstverständlich lebe und dem ich'm'ich gebe.

12.02.22

Ja
Nein
Oxymoron
Das gute Leben
Das richtige Leben
Das richtiggute Leben
Nicht aufgeben und nicht
Allein draufzugehen draufgehen

25.02.22

Ukraine
███████████████████████
Achill das Vieh (Wolf).

26.02.22

Re'nichtbewerten
Re'nichtverzweifeln

Bigotterie negieren.
Anonyme Sexaholiker*innen –
Macht, die größer ist als man*n
Selbst bejahen.

18.04.22

Oster-/Kontrollverlustmontage Sekundär-/Primärtugenden Sekundär-/Primärkontrolle

Wenn ich in dem kritischen Moment ein Stoppzeichen setze und dann, ohne dass ich aufhöre, die Steuerungsbefehle für meinen neuen Gebrauch zu projizieren, erneut entscheide, für welches Ziel der neue Gebrauch verwendet werden soll, könnte ich durch dieses Vorgehen meinen instinktiven Steuerungsprozessen bestimmt zu einer neuen Erfahrung verhelfen, die im Gegensatz zu jeder Erfahrung steht, auf die diese Steuerungsprozesse bisher geeicht waren. (Alexander)

17.04.22

Ostersonntag – *Da trat Petrus zu ihm und sprach: Herr, wie oft muss ich denn meinem Bruder, der an mir sündigt, vergeben? Ist's genug siebenmal? Jesus sprach zu ihm: Ich sage dir: Nicht siebenmal, sondern siebzigmal siebenmal.* (Matthäusevangelium)

Algorithmen veröffentlichen, um Löcher zu schließen oder zum Mars

Re'nichtich
Re'nichtselbst
Re'ich'selbst'gestalt

Die Vormittagsspaziergänge Berlin City West jähren sich – Pariser Straße, Bleibtreustraße, Savignyplatz, Knesebeckstraße, TU-Campus, Schleusenkrug, Tiergarten und zurück – Bäume, Vögel, Jahreszeitenwechsel. Warum in die Ferne schweifen, wenn das Gute liegt so nah? In den letzten zwei, drei Jahrzehnten hat sich nicht nur in der Berliner Republik eine Mentalität herausgebildet, die vordergründig ein System richtigen Lebens re'flektiert. Am Ort verbleibt die Empfindlichkeit jedoch verbunden mit dem Begehren nach dem guten Leben und Spaziergänge eignen sich für diese Unterscheidung in besonderer Weise. Entscheidend ist Vorortempfindlichkeit. Kleinstadtnovelle – auch Vorhautempfindlichkeit trägt die Möglichkeit in sich, das richtige Leben mit dem guten Leben, unhintergehbar zu verbinden. *ich habe angst. bin weiblich, bin männlich, doppelt. fühle meinen körper sich von meinem körper entfernen, sehe meine weißen hände, die augen im spiegel, ich will nicht doppelt sein wer bin ich? will ich sein, männlich, weiblich, sehe nur weiß.* (Schernikau) Das richtiggute Leben – ein Oxymoron?

zu fliegen? Welche neuen Gebrauchs-
verhältnisse kunstvoll steuern?

16.04.22

Numinose Detumeszenz, ist sie die
hilfreich antagonistische Gegen-
spielerin – gegen den monströs
empfundenen Protagonisten Auto-
nomiesklerotium –, den eigenen Ge-
fühlen nicht mehr trauen zu können
dürfen? Loch! Wer sich nach die-
ser Erfahrung alles anschickt, das
Selbstgefühl zu operationalisieren:
*Wer das Kapital liest und sich nicht
verändert, hat es nicht verstanden.*
(Haug) *Der Marxismus ist nicht trotz
seiner Parteilichkeit ‚universell wahr‘,
sondern weil er ‚partiell‘ ist und nur
von einer bestimmten subjektiven
Position zugänglich. Die Verstrickung
in den Klassenkampf ist also kein Hin-
dernis für die objektive Erkenntnis der
Geschichte, sondern ihre Bedingung.*
(Žižek) Die Kehrseite dieser Me-
daille ist und bleibt jedoch geprägt
von der *Anleitung zum Unglücklich-
sein* (Watzlawick). Egal wie eine
vermeintliche Endlösung universell
wahr konzipiert wird – früher oder
später enttäuscht sie (un)glück-
licherweise. Wer die Definitions-
macht hat, hält Macht. Nicht nur *Die
Philosophie der Freiheit* (Steiner) mit
ihrem Schlusswort Monismus ist so

Auf Spaziergängen durch die City
West finden sich viele Stolper-
steine mit jüdischen Namen und
viele Ehren-, Erinnerungstafeln an
zahlreichen Wohnhäusern. *Indem
ich schreibe, begebe ich mich ganz al-
lein in die Mehrheit.* (Pastior) Durch
solche Impulse wird die Macht der
Mitte über die Ränder empfindlich
bewusst und fordern heraus, sich
zu verorten. Macht, Mitte, Rän-
der. Macht, Vorurteile, Rassismus.
Macht, Zentrum, Peripherie. Der
Ort hat Macht. Was diesen Impul-
sen gemein ist? Existenzialität. Der
Ort kollaboriert die Zeit – versehrt,
sterblich, endlich.
*Wenn die Nachfolge in keinem Geist
mehr angetreten wird*
Wenn endlich endlich kommt
Dann
*Dann spring noch einmal auf und
reiß die alte schimpfliche Ordnung
ein. Dann sei anders, damit die Welt
sich verändert, damit sie die Richtung
ändert, endlich!* (Bachmann)
Chiasmus leben, erleben, releben;
ein anderes Leben releben.

28.02.22

Wie kommt Geistiges zu W-Ort,
wenn Nachfolge nicht mehr mit
Geistigem verbunden ist? Gral,
Grüner Hügel, Goetheanum, Soziale

eine Verführung alter Gebrauchsverhältnisse, da Ziele, außerhalb vorgegebener Aktivitäten, unkontrolliert bleiben. Und noch weiter zurück ins höchst Messianische: *Wer zur Stunde der Heimholung nicht im Glauben lebt, wird in der Bluthochzeit untergehn.* (Offenbarung des Johannes). An diesem Punkt angelangt ist es ansprechender, das numinose 19. Jahrhundertzeitgefühl und das kokett endzeitliche 20. Jahrhundertzeitgefühl auf das 21. Jahrhundert auszurichten.

15.04.22

Karfreitag – wenn der Schwanz im Arsch ist, steht der Verstand Schmiere. Loch. *Wenn ich in dem kritischen Moment ein Stoppzeichen setze und dann, ohne dass ich aufhöre, die Steuerungsbefehle für meinen neuen Gebrauch zu projizieren, erneut entscheide, für welches Ziel der neue Gebrauch verwendet werden soll, könnte ich durch dieses Vorgehen meinen instinktiven Steuerungsprozessen bestimmt zu einer neuen Erfahrung verhelfen, die im Gegensatz zu jeder Erfahrung steht, auf die diese Steuerungsprozesse bisher geeicht waren. Bis dahin hatte der Stimulus, sich für ein festgelegtes Ziel zu entscheiden, immer dieselbe gewohnte Aktivität*

Plastik, Penthaon – das Privileg, geistig zu leben, geht wie? Der Himmel über Berlin. Wenders Kinomärchen Ganz Hauptrolle. Geistiges als Funktion nur von komplexen Beziehungen. Geistiges als Funktion? Das Rutenbündel mit der Axt in der Mitte symbolisierte im antiken Rom die Macht über Leben und Tod – fasces. Gesamtheit.

01.03.22

Die Krisenkanzlerin ist schon mehrere Monate weg. Bankensystemcrash, Supergau, Migrationsdruck, Brexit, Pandemie – danach und nach ihr ist der Krieg in Europa wieder zurück. Die Republik der Angst (Biess) sieht gebannt Kriegsberichte – und die Klimakrise? Geistig zu leben, ein Privileg. Fascia ist lateinisch und bedeutet Bund, Bandage, Bindegewebe. Faszie, Bindegewebe, Pilzgewebe, Beziehungsgewebe – dann ist was los! Das ist ein W-Ort. Der Kanzler der Bundesrepublik Deutschland trägt noch eine Hamburger Dystopie im Gepäck: G20-Treffen

03.03.22

Dinner Party (Chicago). Das Fiktionalitätsprinzip ist von der Frauenbewegung kritisch, die Poetik des

bewirkt, mit der auch die Projektion der instinktiven Steuerungsbefehle für den Gebrauch verknüpft war, den ich gewohnheitsmäßig zur Erreichung meines Zieles verwendet hatte. Durch die neue Vorgehensweise konnte dies verändert werden: Solange die rationalen Steuerungsprozesse zur Herstellung der neuen Gebrauchsverhältnisse bewusst beibehalten werden, würde der Stimulus, sich für ein vorbestimmtes Ziel zu entscheiden, eine Aktivität bewirken, die sich von der alten gewohnten Aktivität unterscheidet. Die alte Aktivität konnte nicht außerhalb eines vorgegebenen Zieles, die neue Aktivität jedoch für die Erreichung jedes bewusst gewünschten Zieles kontrolliert werden. Diese Vorgehensweise steht nicht nur im Gegensatz zu jeder Verfahrensweise, auf die unsere individuelle instinktive Steuerung durch beständiges Einüben geeicht ist. Sie steht auch im Gegensatz zu den instinktiven Prozessen des Menschen, die durch alle evolutionären Erfahrungen hindurch ohne Unterlass eingeübt worden sind. Reflektieren und den Steuerungsbefehl für den neuen Gebrauch projizieren, um mehr und mehr in der Lage zu sein, jeden Einfluss jenes falschen Gebrauchs zu besiegen, der ja der Stimulus für eine ursprüngliche Entscheidung war. (Alexander) Die bewusste, rationale Steuerung über die unbewusste, instinktive

Ambientes aus ökologischer Perspektive melancholisch auf den Punkt gebracht. Mensch Macht Anthropozän. Ich schlief, ich schlief. Aus tiefem Traum bin ich erwacht. Die Zeit wendet Werte über Nacht. Ist der Mensch traumatisiert? Genie ist nicht angeboren. Melancholie kommt zu W-Ort. Und sie dreht sich noch. *Die gewaltlose Haltung der Weißen ist moralischer Dilettantismus. Nichts anderes.* (Genet) Lustkörper sind vonnöten. Die Waschmaschine schleudert im zweithöchsten Gang die Putztücher der wöchentlichen Wohnungsreinigung durch. Tätigkeiten nicht abwerten, Binarität den Durchmarsch verwehren. Habitus. Haltung. Die Idee – gehen, stehen, sitzen, liegen. Philosophien, die am Körper ansetzen, sind Dingen gegenüber nicht so gewalttätig. Algorithmus – drei Zeilen Gelassenheit, zwei erfreuliche Gedanken, einsatmen zwerchfelltief. Pause.

04.03.22

Negativität ist der Vorhof der Depression. In das letzte Gehöft von Gefühl sollte niemand allein gehen.

07.03.22

Lass mich. Du. Kollaborateur.

Steuerung ist freigesetzt. Das Selbst agiert. Der okzidentale Weg individuiert die Menschen durch die sokratische Innovation Daimonion. Die christliche Lehre dividuiert Individuen in eine okzidentale Glaubensgemeinschaft. Die okzidentale Neuzeit wendet die christliche Dividuation wiederum in eine reflexive Individuation. Und die späte Moderne führt Menschen an den Punkt heran, wo sie *Selbstverbrennung* (Schellnhuber) spüren lernen werden – Regnose negativ. Jede Negation hat eine Aura von Langeweile, schlimmer, vergiftender *Langeweile* (Wolff).

14.04.22

Mir gefällt der Gedanke von Putin als Hobbyhistoriker. Wenn man für einen Moment all die Schrecken beiseiteschiebt, ist das etwas, was ich als Historiker oft erlebe: Er ist wie diese Leute, die zwei Bücher lesen und dann viel zu selbstsicher meinen, sie könnten alle anderen belehren. Der Unterschied ist, dass er Staatsoberhaupt ist und eine Armee hat. (Snyder)

13.04.22

Schwäne brüten wieder, Kastanienbäume grünen frisch, Fliederbüsche

08.03.22

Kollaborateurin – das war nicht nur er, das war auch sie, weil keine*r wusste wie.

09.03.22

Märzsonne wärmt am Vormittag im Café Einstein. Wiederholt Cappuccino und Marzipancroissant als zweites Frühstück. Seit einem Jahr Status Arbeitsuchender und in einem Jahr dann der Rentnerstatus. Lebensmitteleinkauf jetzt. Und im Anschluss mit der U-Bahn nach Kreuzberg Alexander-Technik gehen, stehen, sitzen, liegen. Wetterhahnmentalität als Bedürfnis: *Er ist's* (Mörike). Sich kanonisch rückversichern, immunisieren gegen Kriegsinfos im TAGESSPIEGEL?

10.03.22

Die zweite DGSv-geframete Zoom-Sitzung ,Gesellschaftlicher Zusammenhalt' wird von der coronainfiziert fiebernden Moderatorin auf Ende März verschoben. Schreiben über die Art und Weise des Schreibens, Textperformance ermüdet. Ein Narrativ stellt sich nicht ein, und das Dichten, Poesie läuft ins Leere. Glückliche, deren Poetik in

blühen schon erfreulich und Kupferfelsenbirnen leuchten weiß.

12.04.22

Facebookexampel. Binarität. Sozialkolonisation. Kapitalstrategie. Metafake. Eine Gesellschaft, die den Computer einführt, ist eine Computergesellschaft und dabei ist es vollkommen unerheblich, ob die individuelle Person einen hat oder nicht. Eine Menschheit, die die Atombombe auf Lager hält, ist eine destruktive Kriegsmenschheit und dabei ist es total unerheblich, ob ein einzelnes Land, eine einzelne Nation Atombomben vorhält oder nicht. Eine Weltgesellschaft, die national Atombomben als Ultima Ratio ins Kalkül einrechnet, versteht sie die destruktive Seite der Singularität noch oder überhaupt? Loch. *Die Atombombe ist Instant-Auschwitz* (Weizenbaum). Ist die Demokratie die beste aller schlechten Regierungsformen? Ist Angst die größte Gefahr für die Demokratie oder ein Seismograf? Die Mokusotage schleichen sich.

11.04.22

Der Herkunfts-/Ursprungsfamilie unendlich dankbar sein; sie ist ein Resonanz aufblüht und mit Echo einfach nur spielt. Verschiebt sich ein Kontext, kann Opportunität abstürzen in Korruption. Verstörung ringt dann mit Bewusstheit. Zeit kollaboriert Raum – Vorortempfindlichkeit. So viel Manierismus wie nötig. Vorhautempfindlichkeit. Alter hat den Körper. Altbekannte spielen in lieblicher Bläue auf *und Tod ist auch ein Leben*. (Hölderlin) Unsicherheit der Jugend lassen. Der Resonanz trauen. Furor, Lüge, Neid, Hass, Rache verlassen ihren Platz und wollen mitspielen. Eigenart lassen und Gesamtheit leben.

11.03.22

Viele Worte sind geklaut und die Bewusstheit, dass gediebt, geliebt eine Möglichkeit der Gleichursprünglichkeit von Singularität und Multiplizität widerspiegelt, formuliert Genet in einem Gesprächsaustausch auf die Frage, ob er als Bewohner der Besserungsanstalt die Liebe mit einem anderen Jungen kennengelernt habe? *Nein, nicht mit einem anderen Jungen, sondern mit zweihundert! Was erzählen sie denn!* Marginalisiertenempörung schärft Ontologie, während die Mehrheit zwischen den Kulissen spielt. Aus Peripherienperspektive läuft es

unerschöpfliches Reservoir zur Kritik – Nervus pudendus (lat. Schamnerv). Familie (lat. ‚familia') – Sklave, Diener, Gesinde, Hausgemeinschaft und dem jeder Haus- und Wirtschaftsgemeinschaft (altgriech. ‚oikos') vorstehenden Patriarchen, der über Leben und Tod aller Mitglieder dieser Gemeinschaftsform, einschließlich eigener Frauen und Kinder, bestimmt(e). Alle Politik, die auf Familie referiert, wird, ist, bleibt korrupt. *Der Ruin der Politik nach beiden Seiten entsteht aus der Entwicklung politischer Körper aus der Familie.* (Arndt) Man(n) tut so ‚als ob' man(n) aus dem Prinzip Verschiedenheit herauskommen könnte. Er phantasiert, spielt Gott, s'ein Hebel für Gleichheit, aus der Er selber'verständlich hinaufsteigt. Hiat tut not. Der ideologische Kern von Faschismus ist der utopische Antrieb, das Problem der Dekadenz zu lösen durch die radikale Erneuerung der Nation, verstanden als utopische Vision ihrer Neugeburt – Palingenese (Griffin). Hiat. Fuge. Es reicht, die Grenze zu überschreiten bis in die Unterscheidung hinein – der Ausrichtung ‚Macht der Mitte über die Ränder' regnostische Bewusstheit zu ermöglichen. Paradies. Komfort. Luxus. Dekadenz. Quarantäne. *Die Wunde ist,*

oft zu schnell auf Kulissenontologie hinaus. Das ist jetzt sicher eine mehr oder weniger triviale Reflexion, doch in starker Koppelung mit der Frage nach der Freiheit ist sie nicht-trivial. Sie erhält dadurch echt ontologische Qualität. *Luxus – der Dadaismus des Besitzens.* (Wiesing) Das schiller'sche Spiel – Freiheit. Freiheit, Spiel, zarte Empirie, Kulisse, Luxus. *Das heißt, man muss frei sein, um die Sprache zu besitzen, die man braucht.* (H. Müller) Lust an der Balance von Hundertermultiplizät und Peripherienontologie. Den Vertrag Kiesertraining nach fünfzehn Jahren fristgerecht gekündigt. Alexander-Technik jetzt.

12.03.22

Re – vom Spiel zur Kreativität und zurück. Wenn einer eine Definition macht, hat er eine Definition gemacht. Es ist lächerlich, wenn Erwachsene eine Definition für allgemeingültig, universell und überzeitlich, ewig erklären. Kinder um das vierte Lebensjahr haben eine diebische Freude an ‚als-ob Spielen', machen Definitionen und begeistern sich an ihnen. So bildet sich ihre Mentalisierungsfunktion. Mit zunehmendem Hineinwachsen in die Erwachsenenwelt werden

dass alle, die nicht Staatsbürger sind, stärker markiert sind. (Plamper) Die Globalisierung bekehrt, Paradies (altpers. pairi ‚rundum'; altpers. daêza ‚Mauer'), Oikos, Ort anders zu denken, um einen neuen Gebrauch von ihr machen zu können – Blutkopfpenisibibel.

10.04.22

April ist Wechsel von Sonne, Wolke, Regen, Graupel, Schauer und Wind – noch. April ist Wechsel, Differenz, Negation, Agon und Gesamtheit – Loch. Wie gelingt es, Ausrichtung im Resonanzraum Rewelt selbt'gewahr zu projizieren, releben? Spielarten, Relais der Mentalisierung, sind Religion, Wissenschaft, Kunst, Poetik, Intellektualität, Kontingenz, Volatilität, Gereiztheit, Geistzeit. April April, der weiß nicht, was er will – Zeitgeist. Und dann ist da noch die Unwucht Herkunfts-/Ursprungsfamilie.

08.04.22

Lustreize sind antagonistisch. Ihre Steigerung vollzieht sich in der Gleichzeitigkeit vom Vorsatz, es zu lassen, um es dann mit gesteigerter Empfindlichkeit, gesteigertem Begehren zu machen. Lust und Angst

Definitionen komplex, einfach, schön. Erwachsene ereifern sich an komplexen Definitionen und re'vidieren sie, wenn entsprechende Erkenntnisse, Erfahrungen und Erlebnisse dies anzeigen. Chi – Rekenntnisse, Refahrungen, Relebnisse, Rewachsene. Und dann ist da noch Eros, Sohn von Armut und Reichtum. Viel ist ihm gegeben und viel fehlt immer. Das ist seine Herkunft, immer umtriebig, Fehlendes zu ergänzen. Der Mut, Veränderbares zu verändern; die Geduld, was nicht veränderbar ist, lassen zu können und die Weisheit, das eine vom anderen zu unterscheiden. Das alles hier treibt Eros immer und jetzt um. *ja und wie er mich geküßt hat unter der maurischen Mauer und ich hab gedacht nah schön er so gut wie jeder andere und hab ihn mit den Augen gebeten er soll doch nochmal fragen ja und dann hat er mich gefragt ob ich will ja sag ja meine Bergblume und ich hab ihm zuerst die Arme um den Hals gelegt und ihn zu mir niedergezogen daß er meine Brüste fühlen konnte wie sie dufteten ja und das Herz ging ihm wie verrückt und ich hab ja gesagt ja ich will Ja.* (Joyce)

13.03.22

Und mein Freund lag auf dem Rücken im Gras. Das hatten sie schon abgemäht,

sind reizende Gegenspieler. Die örtlich Anhänglichen wollen, können davon nicht lassen; überreiztes Lernen von vielversprechender Belohnung im Zeitsprung Zeitenwende – Lustdividende?

07.04.22

Ausrichtung Wüstenwanderung – wüste Wanderung. Algorithmus. BucheinsBuchzwei zweimallesen. Chimäre. Cybernetic. Cyborgs. Was, wenn dies die Frage nach der Moral notwendig macht in der aktuell politisch proklamierten Zeitenwende? Was, wenn es die Melancholie ist, die den Schönheitsgrund aufblühen lässt? Was, wenn die örtlich Anhänglichen durch Überdosis ins Vakuum stürzen und zeitfreiangsterfüllt regre'gieren? Was, wenn die antagonistische Situation Angst der Zugang zur Gesamtempfindung Lust ist – *Angstlust und Regression* (Balint). Aus der Perspektive des Leibes bedarf das neuronale Schwankungshirn keiner psychoanalytischen Ausrichtungen. Schwankungen sind aus der leiblichen Empfindlichkeit ausreichend zukunftsfähig lebendig und re'präsentieren komplexe Gedanken als organischen Zusammenhang. Viel ist gegeben und viel fehlt immer. Was, wenn

da standen aber noch ein paar Büschel Waldhirse raus, und bei den Bäumen gab's eine niedrige Wand aus Flatterbinse. Er lag da, die Augen geschlossen. Hat von der Arbeit erzählt, wie immer. Er ist das alles nochmal halblaut durchgegangen, ganz von vorne. Ich dachte, ja, das macht er jetzt mehr für sich als für mich. Aber dann ... stimmt es eben nicht, auch das geht nicht auf, wie das meiste. Er hat es für die Sache gemacht, oder für die Wunde im Ganzen, oder damit er die Wunde ... werden konnte. Die Verletzung. Es geht auf, dann ist es weg. Das war die These. Was aufgeht, ist weg, man braucht es nicht mehr. Er wollte aufgehen in seiner Idee, aber dass er weg ist, bedeutet, dass er fehlt. War ihm das bis ins ... Letzte klar? Ich denk' oft, er hatte gar kein anderes Ziel, und höre ihn reden: (Dath) Wenn es weg ist, ist es aufgegangen, das ist die These. 6.521 Die Lösung des Problems des Lebens merkt man am Verschwinden dieses Problems. (Ist nicht dies der Grund, warum Menschen, denen der Sinn des Lebens nach langen Zweifeln klar wurde, warum diese dann nicht sagen konnten, worin dieser Sinn bestand.) (Wittgenstein)

14.03.22

Thalia beleidigt – sie blendet Publikum mit einer ins Innerste zielenden

alles geklaut ist und eben dies die gewichtige Frage nach der Moral notwendig macht? Was, wenn die Pessimisten die Zukunft bauen und Optimisten sie klauen?

06.04.22

Demokratie. Bundesregierung. Freiwillig. Unwillig. Dividuationen. Reflexion von – was durch die Luft fliegt – Schock, Schisma, Schlusswort. Das autobiografische-repräsentationale Selbst krümmt sich autooperativ willig – frei. ‚Freiwillige Quarantäne stößt auf Bedenken' lautet die Überschrift auf der Titelseite der Märkischen Oderzeitung in den Händen vom Sitznachbarn in der U-Bahn Linie 1 Uhlandstraße City West bis Görlitzer Bahnhof zum Alexandertechnik-Studio: *Der Gebrauch des Selbst.* (Alexander) Die Darlegung einer grundlegenden Einheit, eines grundlegenden Gedankens verbietet einen systematischen Aufbau und eine Reduktion auf Funktion – Primärkontrolle und Prävention.

05.04.22

Morgende.
Morgensteifer Körper, schwerfälliger Tagesanfang; ein allem Anfang

Immunisierungstragödie. Katharsis dahin. Dahin ist es jetzt mit der Institution Mysterienspiel gekommen – mystisches Erlebnis negativ.

15.03.22

Und immer wieder die Frage, wer das alles braucht? Oder andersherum – wer wirklich braucht, bleibt mit nagenden Fragen zurück!

16.03.22

Junk ist, keine starken Interessen zu haben. Alk ist, ein unsicheres Selbst zu chronifizieren.

17.03.22

Sucht ist, Kollaboration mit einem aufspießigem Außenmilieu ins durchlässig versehrbare Innenmilieu. Sucht ist, idiosynkratisch siechendes Milieu zu pämpern.

18.03.22

Ein Hauch von Melancholie kündigt die nächsten Mokusotage an. Meine besten Mentalisierungen habe ich jedes Mal dann gespürt, wenn ich chronische Leere, Gefäß für Schmerz, Loch empfinde. Schmerzkörper ist eine Art autooperative

innewohnendes barockes Wunder läuft ins asymmetrische Rokoko über. *Bloße Gefühle sind hier nichts, das Sicheinfügen alles.* (Jacobs) Abende.

04.04.22

Sentimentale übernehmen für Schuldnerschaft keine Verantwortung. Der Bundespräsident gesteht Fehler ein. Die Bundesregierung, Regierungen scheuen vor Jetzt zurück.
Hiat Berlin.

Du.
Ich.
Selbst.
Kollaborateur.
Dividuation l< Individuation

03.04.22

Die Mokusotage sind schlimm. Sie piken ablehnungsgebunden – mit Autonomie, Kunst, Identität, Status, Macht – tief in die Geschichte der Empfindlichkeit hinein. Blackboxfrasen, die mit der realen Existenz nicht viel oder viel zu viel zu tun haben. Pandorapik – lernen als Begehren erweitert sich. MeisterIchEs Selbst erfahren. *Nach einem oft verwendeten Maßstab sind*

Krümmung über das innere Milieu von Idiosynkrasien, Narzissmen und Langeweile. Toxine. Psychischer Schmerz ist ein starker Begriffvergiftungsumkehrpik. Die Arroganz des Begriffs ausschleichen lassen. Trost ist nicht nötig. Ich träume weiblich (Starrett). Glaube ich Pik wirkt?

19.03.22

Selbst. Da ist es hin – *das mich verwirrt und zu Kreuze kippt.* (Seel) Die Rewelt kollaboriert den Zeitgeist. Überleben. Über Leben. Lebendigkeit erleben. Re leben. Releben.

20.03.22

Du. Du bist der Mann meines Lebens. Es gibt nur eins, dass das kaputtmachen kann. Ich-Selbst IS.

21.03.22

Die Mokusotage beginnen – Regressionsempfinden, Flüchtigkeitsfehler, Kompensationsmacht, Hyperselbst, Achselschweiß. Mokuso – ruhiges Denken, in Bildern denken, schweigend in tiefe Gedanken sich versenken auch bei Wahrnehmung ›Abwärtsstrudel‹. Beleidigter, der vielfältige Fähigkeiten durch die

gut zehntausend Stunden Erfahrung nötig, wenn jemand Schreinermeister oder ein guter Musiker werden will. (Sennett) Schüler-Meister-Schüler-Beziehung beinhaltet jetzt, von Schüler*innen lernen im Risiko einer – ohne religiös, esoterisch, künstlerisch, wissenschaftlich doppelten Boden – trauernden Selbstrepräsentanz. Selbsthandwerk. Die chronische Sinusitis blockiert Außengerüche, sensibilisiert erstaunlicherweise jedoch für riechen nach Innen. So viel Manierismus in Poetik wie nötig und so wenig wie möglich – detumeszente Schleimhäute in den Nasennebenhöhlen. Die Differenz zwischen leiblichen Hintergrunderleben und körperlichen Wahrnehmungen von Miss- oder Wohlempfinden schafft Bewusstheit. Die Differenz zwischen Erfahrung und volatilgegenwärtiger Bewusstheit äußert sich als Scham. Selbstverwirklichung, die Moderne, verpasst volatilen Rollenschwank. Es ist ein tiefer credomologischer Schock, die direkte Erfahrung dessen zu machen, was ich schon immer glaubte. Es ist erhellend, Autonomie als Konkretisierung der Freiheit einzusehen und sie nicht als Analogie für Freiheit misszuverstehen. (Nussbaum). Der Gebrauch des Selbst und die religiöse Nötigung EINS beschnitten erlebt(e)? Nicht Gott allein, auch die Göttin mit ihrem Drum und Dran, ist Geschichte. Atheist ist eine Buchstabenfolge von einer Versalie, drei Vokalen und vier Konsonanten. Dieses ganze Brimborium um die Eins ist deshalb so drängend, weil sich die Null im binären Raum gestaltlos hypertroph und antagonistisch berauscht aufführt. Das soll dann Allem und Jedem antworten? Mit Rewelt hat das herzlich wenig zu tun. Schlüsselwörter. Gott/Göttin Atheist/Antagonismus Eins/Null Mokuso/Regeneration Re/Welt – Schlusswörter?

22.03.22

Referenzpunkte für richtiggutes Leben. Sterblichkeit. Behinderung. Melancholie. Schönheit. Lebendigkeit. Bilden diese Referenzpunkte richtiggute Basisempfindungen für Kohärenz und Identität aus? Die immer wieder viel zu vielen richtig gut geschriebenen Bücher, die alles richtig ausführen, die richtig anregen, auch einen guten Text schreiben zu wollen ... DER TAGESSPIEGEL im Licht der MOKUSOTAGE! Autooperativ rückgebeugt dividuiert diese Lebendigkeit das Individuum gegen seinen Autonomiestolz

Bewusstheit der eigenen Mental-strategie: Primärkontrolle – gehen, stehen, sitzen, liegen.

02.04.22

Mmhhh Diese Flüchtigkeitsfehler am Morgen – den Pullover falsch herum anziehen, sich über die sich nicht bändigen lassen wollenden Haarwirbel ärgern – ermüden. Und horizontalvertikal oszillieren – vom Saulus zum Paulus und Paulus zum Saulus zur SaulusPaulusSaulusSause SPSS – erschöpft. Chronos macht mich trauern. Wenn von Anfang an mehr Macht für gesellschaftlichen Zusammenhalt in weiblichen Händen gelegen hätte, welche Zivilisation wäre jetzt; welche Oszillation zwischen Utopie ~ Dystopie? Das war nicht nur er, das war auch sie, weil keine*r wusste wie. Gebetsmühle. Mo Mo Moku Moku Mokuso

01.04.22

Glaube, diese ursprungsgegenwärtig antiquiert umstülpende Mentalstruktur, ist und bleibt begnadet exoterisch überzeugungsfähig; und metaphysisches Denken vollzieht sich im Modus des Begehrens analog ‚ökologisch Sein' und ähnelt der selbstredend in vollständigere Beziehungserfahrung – reweltliche Grenzenempfindung.

24.03.22

Autonomiestolz, Rotweinheiterkeit, Zigarettendunst – Ersatzempfindungen und -stoffe für ein lebendiges Begehren – sich frei zu wähnen, von toxischen Institutionen und dysfunktionaler Alltäglichkeit. In der Komfortzone re'gregiert dieses Verlangen in siechende Konsumtion, wohinein kein Mensch freiwillig geraten möchte: Junk, Alk, Porno, Ismus, Singularität. Das Selbst schon ist eine Institution; da muss einem etwas Intelligentes einfallen, um nicht unter hegemonialer Opportunität, bis hin zu toxischer Korruption, den Geist aufzugeben und Vereinzelung mit Autonomie zu verwechseln. Reflexion ist ein Anfang, wie es das sprichwörtliche ‚Einsicht ist der erste Weg zur Besserung' anspricht; allerdings ohne mehr zu versprechen, als den blinden Fleck der Moderne ins Licht zu stellen. Die zweite Moderne – wie jetzt, wenn die erste Aufklärung nicht mehr zu Stande bringt, als sich abgeklärt zu generieren …? Gemacht werden muss doch alles erst noch …! Cybernetik, die Kunst zu

Atmung, die auch nicht freiwillig eingestellt wird, nur weil die Luft schlechter wird. April April

30.03.22

In der Beratungsform Coaching gibt es die bewährte Formel: Akzeptanz + Konfrontation = Entwicklung $A + K = E$ (Fischer-Epe) Diese horizontale Ebene für Handlungskompetenz unterscheidet sich von einer vertikalen Aktivität. Die existentielle Vertikale als Abstieg und Berührung des eigenen Todespunktes ist eine Unterscheidung, die einen Unterschied macht – existenzielle Co-Existenz. Akzeptanz + Berührung = Co-Existenz $A + B = C$. Abstieg, Todespunkt, Umstülpung lösen Angst und Schrecken aus. Dieser erschütternde Vorgang kreuzt die horizontale Lebenslinie durch gemeinen vertikalen Abstieg. *Der plastische Umstülpungsvorgang* (Stüttgen) nötigt nun Akzeptanz und Berührung dieses Punktes ab. Das dabei aufsteigende Freiheitsempfinden setzt im Umstülpungsvorgang ein Absinken der Solidarität frei. Akzeptanz + Berührung sind jedoch noch kleiner als Co-Existenz: Akzeptanz + Berührung < Co-Existenz. *Braunkreuz* (Beuys) – ›kreuze‹ erst erweitert die

steuern, verbunden mit lebendigem Organismus, als ein ›sich etwas Intelligentes einfallen lassen‹ macht Phänomene wie die Cyborg bewusst (Haraway) – immerhin.

25.03.22

Das Selbst als eine Art Notizblog, als eine Art erweitertes inneres Organ zu Herz und Lunge, als eine Art zarter Empirie des inneren Milieus. Geistiges als Bewusstheitshelle auf Zellpulsationsniveau mit Autonomiebestand im Symbiosemilieu. Eine Sozialwissenschaft, die mit diesem Ansatz arbeitet; eine Pädagogik, die auf dieser Grundlage bildet; eine Art und Weise der Gestaltung, die sozial plastiziert.

26.03.22

Viele noch so gute Bücher verführen viel zu häufig zum überflüssigen Ein-Kauf. Eigentlich bedarf es nur zwei guter Bücher, denn ein gutes Buch ist dann gut, wenn alle wichtigen Kenntnisse des Lebens in ihm vorkommen. Buch eins zu lesen versorgt somit vollständig mit lebensweltorientierten Kenntnissen. Falls dieses Buch wider Erwarten jedoch Kenntnisse ausgelassen haben sollte, wird diese Auslassung

hier angesprochene Erfahrung zur bewussten Co-Existenz. Faktoren wie exzentrisch, horizontalvertikal, umstülpend prozessieren bis ins Gemeinwesen. Die aus der Optik des Lebens erweiterte Entwicklungsformel oszilliert um Elemente dieses Kreuzefaktors:

Bewusst linksseitige Ursprungsgegenwärtigkeit 1 ; rechtslastige Gleichursprünglichkeit verkleinern < und regenerativer Zugang = I< .

Die erweiterte Entwicklungsformel lautet: Akzeptanz + Berührung l< Coexistenz A + B l< C. I<reuze kommuniziert Antagonismen irrsinnig intim und verbindet ursprungsgegenwärtig diskrete Symbionten offen zugäng/ich für Regeneration.

29.03.22

Kriege keine kriege keine kriege keine kriege keine kriege keine modernen Verhältnisse; Verhältnisse, die sich dadurch auszeichnen, dass die für sich selbst kompetenten Einzelnen in steigendem Maß die operativen Kompetenzen der anderen – für deren Einwirkungen auf sich selbst – verantwortlich, selbst'verantwortlich in Anspruch nehmen. *Die Rückbeziehung des Sich-Operieren-Lassens auf das Sich-*

mit Sicherheit in Buch zwei stehen. Es ist mehr als unwahrscheinlich, dass genau das Gute, das in Buch eins ausgelassen wurde, im Buch zwei auch ausgelassen sein wird. Das linke Knie drückt seit gestern wie aufgeblasen. Es gibt kein Theoriedefizit. Es gibt ein Defizit richtiguter Umsetzung. Das ist trivial, das Eine gegen das Andere simpel auszuspielen. Kein Wunder, dass das linke Knie wie aufgeblasen reagiert. Wer viel arbeitet macht viele Fehler Wer wenig arbeitet macht wenige Fehler Wer keine Fehler macht ist ein Faulpelz (Topflappenspruch). BucheinsBuchzwei ist kein Analogon zur binären EinsNullDigitalität – BB≠END. Lässt Himmelsbrot, Manna sich algorithmisieren?

27.03.22

das ist es das ist es das ist es – sächlich-narzisstisch-jetzig-hyperhypo-umkreis-spin

28.03.22

Ich kriege keine Luft. Ich kriege keine Lust; hab-vergessen-in-Mokusotage-zu-stecken.

Operieren nenne ich die auto-operative Krümmung des modernen Subjekts. Sie gründet in einer starken Evidenz. Wer anderen erlaubt, direkt etwas an ihm zu tun, tut mittelbar etwas für sich. Dies führt zu einem veränderten Modus der Eingliederung des Leidens in das Tun. Das kompetente Subjekt muss nicht nur auf die Erweiterung des Radius seiner eigenen Handlungen achten, es ist zugleich gehalten, seine Zuständigkeit für ›Behandlungen‹ durch andere auszubauen. (Sloterdijk) Kriege keine Kultivierung passiver Momente im Selbstbezug, wie sie der auto-operativen Verfasstheit moderner Existenz entspricht. Passive Momente im aktiven Selbstbezug – Detumeszenz, Degrowth. Einen vollständigen Zugang zu einer Sache gibt es nicht und Denken ist auch nicht der einzige Zugangsmodus noch der Hauptmodus für Zugang zu Sachen. Kriege keine objektorientierte Ontologie, wie sie der Verfasstheit Ökologisch sein (Morton) entspricht. OOO – suche keinen Zugang in die Allgemeine Ortskrankenkasse AOK.

28.03.22

Ich kriege keine Luft. Ich kriege keine Lust; hab-vergessen-in-Mokusotage-zu-stecken.

29.03.22

Kriege keine kriege keine kriege keine kriege keine kriege keine modernen Verhältnisse; Verhältnisse, die sich dadurch auszeichnen, dass die für sich selbst kompetenten Einzelnen in steigendem Maß die operativen Kompetenzen der anderen – für deren Einwirkungen auf sich selbst – verantwortlich, selbst'verantwortlich in Anspruch nehmen. Die Rückbeziehung des Sich-Operieren-Lassens auf das Sich-Operieren nenne ich die auto-operative Krümmung des modernen Subjekts. Sie gründet in einer starken Evidenz. Wer anderen erlaubt, direkt etwas an ihm zu tun, tut mittelbar etwas für sich. Dies führt zu einem veränderten Modus der Eingliederung des Leidens in das Tun. Das kompetente Subjekt muss nicht nur auf die Erweiterung des Radius seiner eigenen Handlungen achten, es ist zugleich gehalten, seine Zuständigkeit für ›Behandlungen‹ durch andere auszubauen. (Sloterdijk) Kriege keine Kultivierung passiver Momente im Selbstbezug, wie sie der auto-operativen Verfasstheit moderner Existenz entspricht. Passive Momente im aktiven Selbstbezug – Detumeszenz, Degrowth. Einen vollständigen Zugang zu einer Sache gibt es nicht und Denken

27.03.22

das ist es das ist es das ist es – sächlich-narzisstisch-jetzig-hyperhypo-umkreis-spin

26.03.22

Viele noch so gute Bücher verführen viel zu häufig zum überflüssigen Ein-Kauf. Eigentlich bedarf es nur zwei guter Bücher, denn ein gutes Buch ist dann gut, wenn alle wichtigen Kenntnisse des Lebens in ihm vorkommen. Buch eins zu lesen versorgt somit vollständig mit lebensweltorientierten Kenntnissen. Falls dieses Buch wider Erwarten jedoch Kenntnisse ausgelassen haben sollte, wird diese Auslassung mit Sicherheit in Buch zwei stehen. Es ist mehr als unwahrscheinlich, dass genau das Gute, das in Buch eins ausgelassen wurde, im Buch zwei auch ausgelassen sein wird. Das linke Knie drückt seit gestern wie aufgeblasen. Es gibt kein Theoriedefizit. Es gibt ein Defizit richtigguter Umsetzung. Das ist trivial, das Eine gegen das Andere simpel auszuspielen. Kein Wunder, dass das linke Knie wie aufgeblasen reagiert. Wer viel arbeitet macht viele Fehler Wer wenig arbeitet macht wenige Fehler Wer keine Fehler macht ist

ist auch nicht der einzige Zugangsmodus noch der Hauptmodus für Zugang zu Sachen. Kriege keine objektorientierte Ontologie, wie sie der Verfasstheit Ökologisch sein (Morton) entspricht. OOO – suche keinen Zugang in die Allgemeine Ortskrankenkasse AOK.

30.03.22

In der Beratungsform Coaching gibt es die bewährte Formel: Akzeptanz + Konfrontation = Entwicklung $A + K = E$ (Fischer-Epe) Diese horizontale Ebene für Handlungskompetenz unterscheidet sich von einer vertikalen Aktivität. Die existentielle Vertikale als Abstieg und Berührung des eigenen Todespunktes ist eine Unterscheidung, die einen Unterschied macht – existenzielle Co-Existenz. Akzeptanz + Berührung = Co-Existenz $A + B = C$. Abstieg, Todespunkt, Umstülpung lösen Angst und Schrecken aus. Dieser erschütternde Vorgang kreuzt die horizontale Lebenslinie durch gemeinen vertikalen Abstieg. *Der plastische Umstülpungsvorgang* (Stüttgen) nötigt nun Akzeptanz und Berührung dieses Punktes ab. Das dabei aufsteigende Freiheitsempfinden setzt im Umstülpungsvorgang ein Absinken der Solidarität frei.

ein Faulpelz (Topflappenspruch). BucheinsBuchzwei ist kein Analogon zur binären EinsNullDigitalität – BB≠END. Lässt Himmelsbrot, Manna sich algorithmisieren?

 # 25.03.22

Das Selbst als eine Art Notizblog, als eine Art erweitertes inneres Organ zu Herz und Lunge, als eine Art zarter Empirie des inneren Milieus. Geistiges als Bewusstheitshelle auf Zellpulsationsniveau mit Autonomiebestand im Symbiosemilieu. Eine Sozialwissenschaft, die mit diesem Ansatz arbeitet; eine Pädagogik, die auf dieser Grundlage bildet; eine Art und Weise der Gestaltung, die sozial plastiziert.

 # 24.03.22

Autonomiestolz, Rotweinheiterkeit, Zigarettendunst – Ersatzempfindungen und -stoffe für ein lebendiges Begehren – sich frei zu wähnen, von toxischen Institutionen und dysfunktionaler Alltäglichkeit. In der Komfortzone re'gregiert dieses Verlangen in siechende Konsumtion, wohinein kein Mensch freiwillig geraten möchte: Junk, Alk, Porno, Ismus, Singularität. Das Selbst schon ist eine Institution; da

Akzeptanz + Berührung sind jedoch noch kleiner als Co-Existenz: Akzeptanz + Berührung < Co-Existenz. *Braunkreuz* (Beuys) – ›kreuze‹ erst erweitert die hier angesprochene Erfahrung zur bewussten Co-Existenz. Faktoren wie exzentrisch, horizontalvertikal, umstülpend prozessieren bis ins Gemeinwesen. Die aus der Optik des Lebens erweiterte Entwicklungsformel oszilliert um Elemente dieses Kreuzefaktors: Bewusst linksseitige Ursprungsgegenwärtigkeit l ; rechtslastige Gleichursprünglichkeit verkleinern < und regenerativer Zugang = l< .

Die erweiterte Entwicklungsformel lautet: Akzeptanz + Berührung l< Coexistenz A + B l< C. l<reuze kommuniziert Antagonismen irrsinnig intim und verbindet ursprungsgegenwärtig diskrete Symbionten offen zugäng/ich für Regeneration.

 # 01.04.22

Glaube, diese ursprungsgegenwärtig antiquiert umstülpende Mentalstruktur, ist und bleibt begnadet exoterisch überzeugungsfähig; und metaphysisches Denken vollzieht sich im Modus des Begehrens analog ,ökologisch Sein' und ähnelt der Atmung, die auch nicht freiwillig

muss einem etwas Intelligentes einfallen, um nicht unter hegemonialer Opportunität, bis hin zu toxischer Korruption, den Geist aufzugeben und Vereinzelung mit Autonomie zu verwechseln. Reflexion ist ein Anfang, wie es das sprichwörtliche ‚Einsicht ist der erste Weg zur Besserung' anspricht; allerdings ohne mehr zu versprechen, als den blinden Fleck der Moderne ins Licht zu stellen. Die zweite Moderne – wie jetzt, wenn die erste Aufklärung nicht mehr zu Stande bringt, als sich abgeklärt zu generieren ...? Gemacht werden muss doch alles erst noch ...! Cybernetik, die Kunst zu steuern, verbunden mit lebendigem Organismus, als ein ‚sich etwas Intelligentes einfallen lassen' macht Phänomene wie die Cyborg bewusst (Haraway) – immerhin.

22.03.22

Referenzpunkte für richtiggutes Leben. Sterblichkeit. Behinderung. Melancholie. Schönheit. Lebendigkeit. Bilden diese Referenzpunkte richtiggute Basisempfindungen für Kohärenz und Identität aus? Die immer wieder viel zu vielen richtig gut geschriebenen Bücher, die alles richtig ausführen, die richtig anregen, auch einen guten Text

eingestellt wird, nur weil die Luft schlechter wird. April April

02.04.22

Mmhhh Diese Flüchtigkeitsfehler am Morgen – den Pullover falsch herum anziehen, sich über die sich nicht bändigen lassen wollenden Haarwirbel ärgern – ermüden. Und horizontalvertikal oszillieren – vom Saulus zum Paulus und Paulus zum Saulus zur SaulusPaulusSaulusSause SPSS – erschöpft. Chronos macht mich trauern. Wenn von Anfang an mehr Macht für gesellschaftlichen Zusammenhalt in weiblichen Händen gelegen hätte, welche Zivilisation wäre jetzt; welche Oszillation zwischen Utopie ~ Dystopie? Das war nicht nur er, das war auch sie, weil keine*r wusste wie. Gebetsmühle. Mo Mo Moku Moku Mokuso

03.04.22

Die Mokusotage sind schlimm. Sie piken ablehnungsgebunden – mit Autonomie, Kunst, Identität, Status, Macht – tief in die Geschichte der Empfindlichkeit hinein. Blackboxfrasen, die mit der realen Existenz nicht viel oder viel zu viel zu tun haben. Pandorapik – lernen als schreiben zu wollen ... DER TAGES-SPIEGEL im Licht der MOKUSO-TAGE! Autooperativ rückgebeugt dividuiert diese Lebendigkeit das Individuum gegen seinen Autonomiestolz selbstredend in vollständigere Beziehungserfahrung – reweltliche Grenzenempfindung.

21.03.22

Die Mokusotage beginnen – Regressionsempfinden, Flüchtigkeitsfehler, Kompensationsmacht, Hyperselbst, Achselschweiß. Mokuso – ruhiges Denken, in Bildern denken, schweigend in tiefe Gedanken sich versenken auch bei Wahrnehmung ›Abwärtsstrudel‹. Beleidigter, der vielfältige Fähigkeiten durch die religiöse Nötigung EINS beschnitten erlebt(e)? Nicht Gott allein, auch die Göttin mit ihrem Drum und Dran, ist Geschichte. Atheist ist eine Buchstabenfolge von einer Versalie, drei Vokalen und vier Konsonanten. Dieses ganze Brimborium um die Eins ist deshalb so drängend, weil sich die Null im binären Raum gestaltlos hypertroph und antagonistisch berauscht aufführt. Das soll dann Allem und Jedem antworten? Mit Rewelt hat das herzlich wenig zu tun. Schlüsselwörter. Gott/Göttin Atheist/Antagonismus Eins/Null

Begehren erweitert sich. MeisterlIchEs Selbst erfahren. *Nach einem oft verwendeten Maßstab sind gut zehntausend Stunden Erfahrung nötig, wenn jemand Schreinermeister oder ein guter Musiker werden will.* (Sennett) Schüler-Meister-Schüler-Beziehung beinhaltet jetzt, von Schüler*innen lernen im Risiko einer – ohne religiös, esoterisch, künstlerisch, wissenschaftlich doppelten Boden – trauernden Selbstrepräsentanz. Selbsthandwerk. Die chronische Sinusitis blockiert Außengerüche, sensibilisiert erstaunlicherweise jedoch für riechen nach Innen. So viel Manierismus in Poetik wie nötig und so wenig wie möglich – detumeszente Schleimhäute in den Nasennebenhöhlen. Die Differenz zwischen leiblichen Hintergrunderleben und körperlichen Wahrnehmungen von Miss- oder Wohlempfinden schafft Bewusstheit. Die Differenz zwischen Erfahrung und volatilgegenwärtiger Bewusstheit äußert sich als Scham. Selbstverwirklichung, die Moderne, verpasst volatilen Rollenschwank. Es ist ein tiefer credomologischer Schock, die direkte Erfahrung dessen zu machen, was ich schon immer glaubte. Es ist erhellend, Autonomie als Konkretisierung der Freiheit einzusehen

Mokuso/Regeneration Re/Welt – Schlusswörter?

20.03.22

Du. Du bist der Mann meines Lebens. Es gibt nur eins, dass das kaputtmachen kann. Ich-Selbst IS.

19.03.22

Selbst. Da ist es hin – *das mich verwirrt und zu Kreuze kippt.* (Seel) Die Rewelt kollaboriert den Zeitgeist. Überleben. Über Leben. Lebendigkeit erleben. Re leben. Releben.

18.03.22

Ein Hauch von Melancholie kündigt die nächsten Mokusotage an. Meine besten Mentalisierungen habe ich jedes Mal dann gespürt, wenn ich chronische Leere, Gefäß für Schmerz, Loch empfinde. Schmerzkörper ist eine Art autooperative Krümmung über das innere Milieu von Idiosynkrasien, Narzissmen und Langeweile. Toxine. Psychischer Schmerz ist ein starker Begriffvergiftungsumkehrpik. Die Arroganz des Begriffs ausschleichen lassen. Trost ist nicht nötig. Ich träume weiblich (Starrett). Glaube ich Pik wirkt?

und sie nicht als Analogie für Freiheit misszuverstehen. (Nussbaum). Der Gebrauch des Selbst und die Bewusstheit der eigenen Mentalstrategien: Primärkontrolle – gehen, stehen, sitzen, liegen.

04.04.22

Sentimentale übernehmen für Schuldnerschaft keine Verantwortung. Der Bundespräsident gesteht Fehler ein. Die Bundesregierung, Regierungen scheuen vor Jetzt zurück.
Hiat Berlin.
■
Du.
Ich.
Selbst.
Kollaborateur.
Dividuation l< Individuation

05.04.22

Morgende.
Morgensteifer Körper, schwerfälliger Tagesanfang; ein allem Anfang innewohnendes barockes Wunder läuft ins asymmetrische Rokoko über. *Bloße Gefühle sind hier nichts, das Sicheinfügen alles.* (Jacobs)
Abende.

Sucht ist, Kollaboration mit einem aufspießigem Außenmilieu ins durchlässig versehrbare Innenmilieu. Sucht ist, idiosynkratisch siechendes Milieu zu pämpern.

16.03.22

Junk ist, keine starken Interessen zu haben. Alk ist, ein unsicheres Selbst zu chronifizieren.

15.03.22

Und immer wieder die Frage, wer das alles braucht? Oder andersherum – wer wirklich braucht, bleibt mit nagenden Fragen zurück!

14.03.22

Thalia beleidigt – sie blendet Publikum mit einer ins Innerste zielenden Immunisierungstragödie. Katharsis dahin. Dahin ist es jetzt mit der Institution Mysterienspiel gekommen – mystisches Erlebnis negativ.

13.03.22

Und mein Freund lag auf dem Rücken im Gras. Das hatten sie schon abgemäht,

06.04.22

Demokratie. Bundesregierung. Freiwillig. Unwillig. Dividuationen. Reflexion von – was durch die Luft fliegt – Schock, Schisma, Schlusswort. Das autobiografische-repräsentationale Selbst krümmt sich autooperativ willig – frei. ‚Freiwillige Quarantäne stößt auf Bedenken' lautet die Überschrift auf der Titelseite der Märkischen Oderzeitung in den Händen vom Sitznachbarn in der U-Bahn Linie 1 Uhlandstraße City West bis Görlitzer Bahnhof zum Alexandertechnik-Studio: *Der Gebrauch des Selbst.* (Alexander) Die Darlegung einer grundlegenden Einheit, eines grundlegenden Gedankens verbietet einen systematischen Aufbau und eine Reduktion auf Funktion – Primärkontrolle und Prävention.

07.04.22

Ausrichtung Wüstenwanderung – wüste Wanderung. Algorithmus. BucheinsBuchzwei zweimallesen. Chimäre. Cybernetic. Cyborgs. Was, wenn dies die Frage nach der Moral notwendig macht in der aktuell politisch proklamierten Zeitenwende? Was, wenn es die Melancholie ist, die den Schönheitsgrund aufblühen

da standen aber noch ein paar Büschel Waldhirse raus, und bei den Bäumen gab's eine niedrige Wand aus Flatterbinse. Er lag da, die Augen geschlossen. Hat von der Arbeit erzählt, wie immer. Er ist das alles nochmal halblaut durchgegangen, ganz von vorne. Ich dachte, ja, das macht er jetzt mehr für sich als für mich. Aber dann ... stimmt es eben nicht, auch das geht nicht auf, wie das meiste. Er hat es für die Sache gemacht, oder für die Wunde im Ganzen, oder damit er die Wunde ... werden konnte. Die Verletzung. Es geht auf, dann ist es weg. Das war die These. Was aufgeht, ist weg, man braucht es nicht mehr. Er wollte aufgehen in seiner Idee, aber dass er weg ist, bedeutet, dass er fehlt. War ihm das bis ins ... Letzte klar? Ich denk' oft, er hatte gar kein anderes Ziel, und höre ihn reden: (Dath) Wenn es weg ist, ist es aufgegangen, das ist die These. *6.521 Die Lösung des Problems des Lebens merkt man am Verschwinden dieses Problems. (Ist nicht dies der Grund, warum Menschen, denen der Sinn des Lebens nach langen Zweifeln klar wurde, warum diese dann nicht sagen konnten, worin dieser Sinn bestand.)* (Wittgenstein)

12.03.22

Re – vom Spiel zur Kreativität und zurück. Wenn einer eine Definition lässt? Was, wenn die örtlich Anhänglichen durch Überdosis ins Vakuum stürzen und zeitfreiangsterfüllt regre'gieren? Was, wenn die antagonistische Situation Angst der Zugang zur Gesamtempfindung Lust ist – *Angstlust und Regression* (Balint). Aus der Perspektive des Leibes bedarf das neuronale Schwankungshirn keiner psychoanalytischen Ausrichtungen. Schwankungen sind aus der leiblichen Empfindlichkeit ausreichend zukunftsfähig lebendig und re'präsentieren komplexe Gedanken als organischen Zusammenhang. Viel ist gegeben und viel fehlt immer. Was, wenn alles geklaut ist und eben dies die gewichtige Frage nach der Moral notwendig macht? Was, wenn die Pessimisten die Zukunft bauen und Optimisten sie klauen?

08.04.22

Lustreize sind antagonistisch. Ihre Steigerung vollzieht sich in der Gleichzeitigkeit vom Vorsatz, es zu lassen, um es dann mit gesteigerter Empfindlichkeit, gesteigertem Begehren zu machen. Lust und Angst sind reizende Gegenspieler. Die örtlich Anhänglichen wollen, können davon nicht lassen; überreiztes Lernen von vielversprechender

macht, hat er eine Definition gemacht. Es ist lächerlich, wenn Erwachsene eine Definition für allgemeingültig, universell und überzeitlich, ewig erklären. Kinder um das vierte Lebensjahr haben eine diebische Freude an ‚als-ob Spielen‘, machen Definitionen und begeistern sich an ihnen. So bildet sich ihre Mentalisierungsfunktion. Mit zunehmendem Hineinwachsen in die Erwachsenenwelt werden Definitionen komplex, einfach, schön. Erwachsene ereifern sich an komplexen Definitionen und re'vidieren sie, wenn entsprechende Erkenntnisse, Erfahrungen und Erlebnisse dies anzeigen. Chi – Rekenntnisse, Refahrungen, Relebnisse, Rewachsene. Und dann ist da noch Eros, Sohn von Armut und Reichtum. Viel ist ihm gegeben und viel fehlt immer. Das ist seine Herkunft, immer umtriebig, Fehlendes zu ergänzen. Der Mut, Veränderbares zu verändern; die Geduld, was nicht veränderbar ist, lassen zu können und die Weisheit, das eine vom anderen zu unterscheiden. Das alles hier treibt Eros immer und jetzt um. *ja und wie er mich geküßt hat unter der maurischen Mauer und ich hab gedacht nah schön er so gut wie jeder andere und hab ihn mit den Augen gebeten er soll doch nochmal fragen ja und dann hat er*

Belohnung im Zeitsprung Zeitenwende – Lustdividende?

10.04.22

April ist Wechsel von Sonne, Wolke, Regen, Graupel, Schauer und Wind – noch. April ist Wechsel, Differenz, Negation, Agon und Gesamtheit – Loch. Wie gelingt es, Ausrichtung im Resonanzraum Rewelt selbt'gewahr zu projizieren, releben? Spielarten, Relais der Mentalisierung, sind Religion, Wissenschaft, Kunst, Poetik, Intellektualität, Kontingenz, Volatilität, Gereiztheit, Geistzeit. April April, der weiß nicht, was er will – Zeitgeist. Und dann ist da noch die Unwucht Herkunfts-/Ursprungsfamilie.

11.04.22

Der Herkunfts-/Ursprungsfamilie unendlich dankbar sein; sie ist ein unerschöpfliches Reservoir zur Kritik – Nervus pudendus (lat. Schamnerv). Familie (lat. ‚familia‘) – Sklave, Diener, Gesinde, Hausgemeinschaft und dem jeder Haus- und Wirtschaftsgemeinschaft (altgriech. ‚oikos‘) vorstehenden Patriarchen, der über Leben und Tod aller Mitglieder dieser Gemeinschaftsform, einschließlich eigener Frauen und

mich gefragt ob ich will ja sag ja meine Bergblume und ich hab ihm zuerst die Arme um den Hals gelegt und ihn zu mir niedergezogen daß er meine Brüste fühlen konnte wie sie dufteten ja und das Herz ging ihm wie verrückt und ich hab ja gesagt ja ich will Ja. (Joyce)

11.03.22

Viele Worte sind geklaut und die Bewusstheit, dass gediebt, geliebt eine Möglichkeit der Gleichursprünglichkeit von Singularität und Multiplizität widerspiegelt, formuliert Genet in einem Gesprächsaustausch auf die Frage, ob er als Bewohner der Besserungsanstalt die Liebe mit einem anderen Jungen kennengelernt habe? *Nein, nicht mit einem anderen Jungen, sondern mit zweihundert! Was erzählen sie denn!* Marginalisiertenempörung schärft Ontologie, während die Mehrheit zwischen den Kulissen spielt. Aus Peripherienperspektive läuft es oft zu schnell auf Kulissenontologie hinaus. Das ist jetzt sicher eine mehr oder weniger triviale Reflexion, doch in starker Koppelung mit der Frage nach der Freiheit ist sie nicht-trivial. Sie erhält dadurch echt ontologische Qualität. *Luxus – der Dadaismus des Besitzens.* (Wiesing) Das schiller'sche Spiel – Freiheit. Freiheit, Spiel, zarte

Kinder, bestimmt(e). Alle Politik, die auf Familie referiert, wird, ist, bleibt korrupt. *Der Ruin der Politik nach beiden Seiten entsteht aus der Entwicklung politischer Körper aus der Familie.* (Arndt) Man(n) tut so ‚als ob' man(n) aus dem Prinzip Verschiedenheit herauskommen könnte. Er phantasiert, spielt Gott, s'ein Hebel für Gleichheit, aus der Er selber'verständlich hinaufsteigt. Hiat tut not. Der ideologische Kern von Faschismus ist der utopische Antrieb, das Problem der Dekadenz zu lösen durch die radikale Erneuerung der Nation, verstanden als utopische Vision ihrer Neugeburt – Palingenese (Griffin). Hiat. Fuge. Es reicht, die Grenze zu überschreiten bis in die Unterscheidung hinein – der Ausrichtung ‚Macht der Mitte über die Ränder' regnostische Bewusstheit zu ermöglichen. Paradies. Komfort. Luxus. Dekadenz. Quarantäne. *Die Wunde ist, dass alle, die nicht Staatsbürger sind, stärker markiert sind.* (Plamper) Die Globalisierung bekehrt, Paradies (altpers. pairi ‚rundum'; altpers. daēza ‚Mauer'), Oikos, Ort anders zu denken, um einen neuen Gebrauch von ihr machen zu können – Blutkopfpenisibibel.

Empirie, Kulisse, Luxus. *Das heißt, man muss frei sein, um die Sprache zu besitzen, die man braucht.* (H. Müller) Lust an der Balance von Hundertermultiplizät und Peripherienontologie. Den Vertrag Kiesertraining nach fünfzehn Jahren fristgerecht gekündigt. Alexander-Technik jetzt.

10.03.22

Die zweite DGSv-geframete Zoom-Sitzung ‚Gesellschaftlicher Zusammenhalt' wird von der coronainfiziert fiebernden Moderatorin auf Ende März verschoben. Schreiben über die Art und Weise des Schreibens, Textperformance ermüdet. Ein Narrativ stellt sich nicht ein, und das Dichten, Poesie läuft ins Leere. Glückliche, deren Poetik in Resonanz aufblüht und mit Echo einfach nur spielt. Verschiebt sich ein Kontext, kann Opportunität abstürzen in Korruption. Verstörung ringt dann mit Bewusstheit. Zeit kollaboriert Raum – Vorortempfindlichkeit. So viel Manierismus wie nötig. Vorhautempfindlichkeit. Alter hat den Körper. Altbekannte spielen in lieblicher Bläue auf *und Tod ist auch ein Leben.* (Hölderlin) Unsicherheit der Jugend lassen. Der Resonanz trauen. Furor, Lüge, Neid, Hass, Rache verlassen ihren Platz

12.04.22

Facebookexampel. Binarität. Sozialkolonisation. Kapitalstrategie. Metafake. Eine Gesellschaft, die den Computer einführt, ist eine Computergesellschaft und dabei ist es vollkommen unerheblich, ob die individuelle Person einen hat oder nicht. Eine Menschheit, die die Atombombe auf Lager hält, ist eine destruktive Kriegsmenschheit und dabei ist es total unerheblich, ob ein einzelnes Land, eine einzelne Nation Atombomben vorhält oder nicht. Eine Weltgesellschaft, die national Atombomben als Ultima Ratio ins Kalkül einrechnet, versteht sie die destruktive Seite der Singularität noch oder überhaupt? Loch. *Die Atombombe ist Instant-Auschwitz* (Weizenbaum). Ist die Demokratie die beste aller schlechten Regierungsformen? Ist Angst die größte Gefahr für die Demokratie oder ein Seismograf? Die Mokusotage schleichen sich.

13.04.22

Schwäne brüten wieder, Kastanienbäume grünen frisch, Fliederbüsche blühen schon erfreulich und Kupferfelsenbirnen leuchten weiß.

und wollen mitspielen. Eigenart lassen und Gesamtheit leben.

09.03.22

Märzsonne wärmt am Vormittag im Café Einstein. Wiederholt Cappuccino und Marzipancroissant als zweites Frühstück. Seit einem Jahr Status Arbeitsuchender und in einem Jahr dann der Rentnerstatus. Lebensmitteleinkauf jetzt. Und im Anschluss mit der U-Bahn nach Kreuzberg Alexander-Technik gehen, stehen, sitzen, liegen. Wetterhahnmentalität als Bedürfnis: *Er ist's* (Mörike). Sich kanonisch rückversichern, immunisieren gegen Kriegsinfos im TAGESSPIEGEL?

08.03.22

Kollaborateurin – das war nicht nur er, das war auch sie, weil keine*r wusste wie.

07.03.22

Lass mich. Du. Kollaborateur.

04.03.22

Negativität ist der Vorhof der Depression. In das letzte Gehöft von Gefühl sollte niemand allein gehen.

14.04.22

Mir gefällt der Gedanke von Putin als Hobbyhistoriker. Wenn man für einen Moment all die Schrecken beiseiteschiebt, ist das etwas, was ich als Historiker oft erlebe: Er ist wie diese Leute, die zwei Bücher lesen und dann viel zu selbstsicher meinen, sie könnten alle anderen belehren. Der Unterschied ist, dass er Staatsoberhaupt ist und eine Armee hat. (Snyder)

15.04.22

Karfreitag – wenn der Schwanz im Arsch ist, steht der Verstand Schmiere. Loch. *Wenn ich in dem kritischen Moment ein Stoppzeichen setze und dann, ohne dass ich aufhöre, die Steuerungsbefehle für meinen neuen Gebrauch zu projizieren, erneut entscheide, für welches Ziel der neue Gebrauch verwendet werden soll, könnte ich durch dieses Vorgehen meinen instinktiven Steuerungsprozessen bestimmt zu einer neuen Erfahrung verhelfen, die im Gegensatz zu jeder Erfahrung steht, auf die diese Steuerungsprozesse bisher geeicht waren. Bis dahin hatte der Stimulus, sich für ein festgelegtes Ziel zu entscheiden, immer dieselbe gewohnte Aktivität bewirkt, mit der auch die Projektion der instinktiven Steuerungsbefehle*

Dinner Party (Chicago). Das Fiktionalitätsprinzip ist von der Frauenbewegung kritisch, die Poetik des Ambientes aus ökologischer Perspektive melancholisch auf den Punkt gebracht. Mensch Macht Anthropozän. Ich schlief, ich schlief. Aus tiefem Traum bin ich erwacht. Die Zeit wendet Werte über Nacht. Ist der Mensch traumatisiert? Genie ist nicht angeboren. Melancholie kommt zu W-Ort. Und sie dreht sich noch. *Die gewaltlose Haltung der Weißen ist moralischer Dilettantismus. Nichts anderes.* (Genet) Lustkörper sind vonnöten. Die Waschmaschine schleudert im zweithöchsten Gang die Putztücher der wöchentlichen Wohnungsreinigung durch. Tätigkeiten nicht abwerten, Binarität den Durchmarsch verwehren. Habitus. Haltung. Die Idee – gehen, stehen, sitzen, liegen. Philosophien, die am Körper ansetzen, sind Dingen gegenüber nicht so gewalttätig. Algorithmus – drei Zeilen Gelassenheit, zwei erfreuliche Gedanken, einsatmen zwerchfelltief. Pause.

01.03.22

Die Krisenkanzlerin ist schon mehrere Monate weg. Bankensystem-

für den Gebrauch verknüpft war, den ich gewohnheitsmäßig zur Erreichung meines Zieles verwendet hatte. Durch die neue Vorgehensweise konnte dies verändert werden: Solange die rationalen Steuerungsprozesse zur Herstellung der neuen Gebrauchsverhältnisse bewusst beibehalten werden, würde der Stimulus, sich für ein vorbestimmtes Ziel zu entscheiden, eine Aktivität bewirken, die sich von der alten gewohnten Aktivität unterscheidet. Die alte Aktivität konnte nicht außerhalb eines vorgegebenen Zieles, die neue Aktivität jedoch für die Erreichung jedes bewusst gewünschten Zieles kontrolliert werden. Diese Vorgehensweise steht nicht nur im Gegensatz zu jeder Verfahrensweise, auf die unsere individuelle instinktive Steuerung durch beständiges Einüben geeicht ist. Sie steht auch im Gegensatz zu den instinktiven Prozessen des Menschen, die durch alle evolutionären Erfahrungen hindurch ohne Unterlass eingeübt worden sind. Reflektieren und den Steuerungsbefehl für den neuen Gebrauch projizieren, um mehr und mehr in der Lage zu sein, jeden Einfluss jenes falschen Gebrauchs zu besiegen, der ja der Stimulus für eine ursprüngliche Entscheidung war. (Alexander) Die bewusste, rationale Steuerung über die unbewusste, instinktive Steuerung ist freigesetzt. Das Selbst agiert. Der

crash, Supergau, Migrationsdruck, Brexit, Pandemie – danach und nach ihr ist der Krieg in Europa wieder zurück. Die Republik der Angst (Biess) sieht gebannt Kriegsberichte – und die Klimakrise? Geistig zu leben, ein Privileg. Fascia ist lateinisch und bedeutet Bund, Bandage, Bindegewebe. Faszie, Bindegewebe, Pilzgewebe, Beziehungsgewebe – dann ist was los! Das ist ein W-Ort. Der Kanzler der Bundesrepublik Deutschland trägt noch eine Hamburger Dystopie im Gepäck: G20-Treffen

 # 28.02.22

Wie kommt Geistiges zu W-Ort, wenn Nachfolge nicht mehr mit Geistigem verbunden ist? Gral, Grüner Hügel, Goetheanum, Soziale Plastik, Penthaon – das Privileg, geistig zu leben, geht wie? Der Himmel über Berlin. Wenders Kinomärchen Ganz Hauptrolle. Geistiges als Funktion nur von komplexen Beziehungen. Geistiges als Funktion? Das Rutenbündel mit der Axt in der Mitte symbolisierte im antiken Rom die Macht über Leben und Tod – fasces. Gesamtheit.

okzidentale Weg individuiert die Menschen durch die sokratische Innovation Daimonion. Die christliche Lehre dividuiert Individuen in eine okzidentale Glaubensgemeinschaft. Die okzidentale Neuzeit wendet die christliche Dividuation wiederum in eine reflexive Individuation. Und die späte Moderne führt Menschen an den Punkt heran, wo sie *Selbstverbrennung* (Schellnhuber) spüren lernen werden – Regnose negativ. Jede Negation hat eine Aura von Langeweile, schlimmer, vergiftender *Langeweile* (Wolff).

 # 16.04.22

Numinose Detumeszenz, ist sie die hilfreich antagonistische Gegenspielerin – gegen den monströs empfundenen Protagonisten Autonomiesklerotium –, den eigenen Gefühlen nicht mehr trauen zu können dürfen? Loch! Wer sich nach dieser Erfahrung alles anschickt, das Selbstgefühl zu operationalisieren: *Wer das Kapital liest und sich nicht verändert, hat es nicht verstanden.* (Haug) *Der Marxismus ist nicht trotz seiner Parteilichkeit ‚universell wahr‘, sondern weil er ‚partiell‘ ist und nur von einer bestimmten subjektiven Position zugänglich. Die Verstrickung in den Klassenkampf ist also kein*

Re'nichtbewerten
Re'nichtverzweifeln
Re'nichtich
Re'nichtselbst
Re'ich'selbst'gestalt
Die Vormittagsspaziergänge Berlin City West jähren sich – Pariser Straße, Bleibtreustraße, Savignyplatz, Knesebeckstraße, TU-Campus, Schleusenkrug, Tiergarten und zurück – Bäume, Vögel, Jahreszeitenwechsel. Warum in die Ferne schweifen, wenn das Gute liegt so nah? In den letzten zwei, drei Jahrzehnten hat sich nicht nur in der Berliner Republik eine Mentalität herausgebildet, die vordergründig ein System richtigen Lebens re'flektiert. Am Ort verbleibt die Empfindlichkeit jedoch verbunden mit dem Begehren nach dem guten Leben und Spaziergänge eignen sich für diese Unterscheidung in besonderer Weise. Entscheidend ist Vorortempfindlichkeit. Kleinstadtnovelle – auch Vorhautempfindlichkeit trägt die Möglichkeit in sich, das richtige Leben mit dem guten Leben, unhintergehbar zu verbinden. *ich habe angst. bin weiblich, bin männlich, doppelt. fühle meinen körper sich von meinem körper entfernen, sehe meine weißen hände, die augen im*

Hindernis für die objektive Erkenntnis der Geschichte, sondern ihre Bedingung. (Žižek) Die Kehrseite dieser Medaille ist und bleibt jedoch geprägt von der *Anleitung zum Unglücklichsein* (Watzlawick). Egal wie eine vermeintliche Endlösung universell wahr konzipiert wird – früher oder später enttäuscht sie (un)glücklicherweise. Wer die Definitionsmacht hat, hält Macht. Nicht nur *Die Philosophie der Freiheit* (Steiner) mit ihrem Schlusswort Monismus ist so eine Verführung alter Gebrauchsverhältnisse, da Ziele, außerhalb vorgegebener Aktivitäten, unkontrolliert bleiben. Und noch weiter zurück ins höchst Messianische: *Wer zur Stunde der Heimholung nicht im Glauben lebt, wird in der Bluthochzeit untergehn.* (Offenbarung des Johannes). An diesem Punkt angelangt ist es ansprechender, das numinose 19. Jahrhundertzeitgefühl und das kokett endzeitliche 20. Jahrhundertzeitgefühl auf das 21. Jahrhundert auszurichten.

17.04.22

Ostersonntag – *Da trat Petrus zu ihm und sprach: Herr, wie oft muss ich denn meinem Bruder, der an mir sündigt, vergeben? Ist's genug siebenmal? Jesus sprach zu ihm: Ich sage dir: Nicht*

spiegel, ich will nicht doppelt sein wer bin ich? will ich sein, männlich, weiblich, sehe nur weiß. (Schernikau) Das richtiggute Leben – ein Oxymoron? Auf Spaziergängen durch die City West finden sich viele Stolpersteine mit jüdischen Namen und viele Ehren-, Erinnerungstafeln an zahlreichen Wohnhäusern. *Indem ich schreibe, begebe ich mich ganz allein in die Mehrheit.* (Pastior) Durch solche Impulse wird die Macht der Mitte über die Ränder empfindlich bewusst und fordern heraus, sich zu verorten. Macht, Mitte, Ränder. Macht, Vorurteile, Rassismus. Macht, Zentrum, Peripherie. Der Ort hat Macht. Was diesen Impulsen gemein ist? Existenzialität. Der Ort kollaboriert die Zeit – versehrt, sterblich, endlich.

Wenn die Nachfolge in keinem Geist mehr angetreten wird
Wenn endlich endlich kommt
Dann
Dann spring noch einmal auf und reiß die alte schimpfliche Ordnung ein. Dann sei anders, damit die Welt sich verändert, damit sie die Richtung ändert, endlich! (Bachmann)
Chiasmus leben, erleben, releben; ein anderes Leben releben.

siebenmal, sondern siebzigmal siebenmal. (Matthäusevangelium) Algorithmen veröffentlichen, um Löcher zu schließen oder zum Mars zu fliegen? Welche neuen Gebrauchsverhältnisse kunstvoll steuern?

18.04.22

Oster-/Kontrollverlustmontage Sekundär-/Primärtugenden Sekundär-/Primärkontrolle
Wenn ich in dem kritischen Moment ein Stoppzeichen setze und dann, ohne dass ich aufhöre, die Steuerungsbefehle für meinen neuen Gebrauch zu projizieren, erneut entscheide, für welches Ziel der neue Gebrauch verwendet werden soll, könnte ich durch dieses Vorgehen meinen instinktiven Steuerungsprozessen bestimmt zu einer neuen Erfahrung verhelfen, die im Gegensatz zu jeder Erfahrung steht, auf die diese Steuerungsprozesse bisher geeicht waren. (Alexander)

19.04.22

Bewusstheit von Gebrauchsverhältnissen – Stoppzeichen einsetzen.
Heilfasten praktizieren –
Umstellung von Außenverzehr auf Innenverzehr.
Algorithmen veröffentlichen –
Wissen, dass es funktioniert, je-

25.02.22

Ukraine

Achill das Vieh (Wolf).

12.02.22

Ja
Nein
Oxymoron
Das gute Leben
Das richtige Leben
Das richtiggute Leben
Nicht aufgeben und nicht
Allein draufzugehen draufgehen

02.02.22

Wie öfter jetzt sitze ich hier im Café Einstein mit Blick auf den etwas entfernten Kurfürstendamm Ecke Uhlandstraße auf dem Weg zum Kieserstudio oder von Kieser kommend – ein starker Rücken kennt keinen Schmerz. Die Mokuso-Tage halten an, doch reagiere ich sanfter gegen mich selbst, was beschämend genug bleibt, weil es überhaupt so ist – traurig. Ein Jahr nun schon im Übergang und es kommt wieder auf dieses handlungsorientierte Selbst an. Und immer wieder Anderl, mit dem ich selbstverständlich lebe und dem ich'm'ich gebe.

doch nicht wissen, wie es funktioniert.
Die Kunst des Steuerns –
Bigotterie negieren.
Anonyme Sexaholiker*innen –
Macht, die größer ist als man*n
Selbst bejahen.

20.04.22

Degrowthquintett: 1 Stoppzeichen 2 Heilfasten 3 Algorithmus 4 Kybernetik 5 Sexaholiker*in. Organismen sind Individuen und als solche nicht dividuierbar. Individuen sind sterblich, nicht teilbar.

21.04.22

Das ist die These. Was aufgeht, ist weg, man braucht es nicht mehr. Er wollte aufgehen in seiner Idee. Aufgehen, auflösen, erlösen – Richard Wagner und das deutsche Gefühl (Deutsches Historisches Museum Berlin, 2022). Endlichkeit ist keine Funktion der Sterblichkeit, Sterblichkeit ist eine Funktion der Endlichkeit. *Ein Flügelschlag – und hinter uns Äonen.* (Goethe)

22.04.22

Orphische Antithese.

Mokuso. Bewusst wird mir, dass ich einen ominösen Konkurrenztik pflege, indem ich Lars Eidingers mediale Omnipräsenz nicht verstehe(n will) und neidisch in der heutigen Berliner Morgenpost, da ein anderer Einsteingast den bevorzugten TAGESSPIEGEL in seinen Händen festhält, die Info lese, dass ihm Ehre zu Teil wird ›Mitglied der Akademie der Künste‹, Ehre, die ich ... !? Immer wieder schamvoller Sektiererschmerz, kindisch neidische Überempfindlichkeit, die Dankbarkeit blockiert.

17.01.22

Das Ich funktioniert. Das Selbst agiert. Das Re gestaltet. Referenzpunkt Sterblichkeit einbeziehen heißt Detumeszenz, Degrowth nicht länger diskriminierend misszuverstehen als Impotenz, Verlust.

09.12.21

Heute schneit es. Der Einstein Cappuccino regt an. Schreiben, Literatur, Nobel, Gurnah – Schönheit durch Tiefe, Lust, Jugendlebendigkeit.

23.04.22

Amazon, Apple, Google, Microsoft, Telekom – Metaversum.

24.04.22

Pornografie – *die direkte Darstellung der menschlichen Sexualität oder des Sexualakts, in der Regel mit dem Ziel, den Betrachter sexuell zu erregen.* (wikipedia)

Numerus limbo – *ein bestimmter Schnitt im Abiturzeugnis, der unterschritten werden muss, um angenommen werden zu können; er ist generell so tief, dass man schon echt tief gesunken sein muss, um drunter durch zu kommen.* (nopedia)

25.04.22

5G-Symptome und die zunehmende Unzuverlässigkeit der Wahrnehmungsprozesse.

26.04.22

Gender'sternchen*sprech

27.04.22

Denn dies heißt richtig zum Erotischen gehen oder geführt werden, dass man von diesen schönen Dingen beginnend

29.11.21

Pneumo Pro Wind Director for beautiful flute tone

24.11.21

Die Stille kommt an. Auch wenn ich mitten in der City West von Berlin im Café Einstein Kurfürstendamm Ecke Uhlandstraße bei Marzipancroissant und Cappuccino sitze. Ai Weiwei hat seine Biografie veröffentlicht und DER TAGESSPIEGEL ist voll des Lobes. Diese Stille und Regeneration sind meine Chance in der vierten Covidwelle. Refraktion, die Brechung von Erregungswellen lässt mich jetzt konkret ankommen. Diese Stille scheidet geradezu alchemistisch Echo von Resonanz – Widerhall wirkungsloser Empörungswellen.

18.11.21

Große Freiheit – Film der Güte
Schönheit – Ressource der Güte
W-Ort Schönheit – Institut der Güte

jenes Schönen wegen immer hinaufsteige, gleichsam auf Stufen steigend, von einem zu zweien und von zweien zu allen schönen Leibern und von den schönen Leibern zur schönen Lebensführung und von der schönen Lebensführung zu den schönen Erkenntnissen, bis man von den Erkenntnissen endlich zu jener Erkenntnis gelangt, welche die Erkenntnis von nichts anderem als jenem Schönen selbst ist, und man am Ende jenes Selbst, welches schön ist, erkenne. (Platon) Rewachsenen steht nicht immer Unterstützung und Hilfe im Ausrichtungsprozess durch andere zur Verfügung. *Als Sie früher schreiben lernten, brauchten Sie nur auf die ›Mittel zum Zweck‹, zur Reproduktion von Buchstaben, zu achten. Die Planung, die Beachtung des ›Endgewinns‹, war die Aufgabe des Lehrers.* (Perls) Bewusstheit der organischen Figur-Hintergrund-Bildung ist nötig, um die Ausrichtung Endgewinn im Blick zu behalten. Der Organismus reagiert, und wenn die Mittel zum Zweck untauglich geworden sind, entwickelt die Leib-Seele-Einheit einen neuen Gebrauch.

TEIL ZWEI

28. April 2022

bis 30. Juni 2022

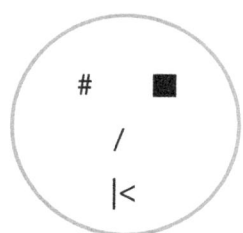

& fertig ist ein Regesicht

der puppenjunge (Mackay)
inmitten dieser sonnenatmenden
erde
reagiert pompös mit
eigenem
namen

Ein weiterer Re'schritt ist nicht tun-
lich – mehr er'ich'selbst'fried kann
ich gar nicht. Es ist, was es ist, sagt
die Klugheit und dada hinter liegt
Ander/and.

Suche nicht den Ausgang, finde
d'einen Zugang – angewandt, zu-
gewandt, antastbar, zugänglich,
amor'al.

Heilfasten beginnt heute mit dem
Entlastungstag – umschalten auf
Innenverzehr. Ökologisches Den-
ken geschieht nicht unbedingt aus
rationalem Eigennutz. Es ist vom
Begehren durchsetzt und *unterhalb
der Verhöhnungssphäre liegt eine Me-
lancholieregion, in der die Dinge weni-
ger entsetzlich und unsicher werden, in
der alle möglichen Fantasien umher-
treiben wie Meerjungfrauen zwischen
Tang und Unterseebooten. Nach und
nach tut sich ein Gefilde unaussprech-
licher, nichtmenschlicher Schönheit
auf, das nicht von normativen anthro-
pozentrischen Parametern eingeengt
ist.* (Morton) In der U-Bahn 1 Rich-
tung Warschauer Straße auf dem
Weg zur Alexander-Stunde wird
ein Schlüsselbegriff *means-whereby*
'Mittel-und-Wege' konkret. Bewusst-
heit der melancholischen Region –
weit, lang – unterläuft den Schier-
lingsbecher.

Ziel ist, in einer konflikthaften, wi-
dersprüchlichen, planetarpluralen
Welt ohne Meta-Credits richtig-
gut zu leben und lernen, Signale
empfangen zu lernen. Ziel ist die
Ein-Sicht der Verwicklung in eine

26.06.22

I have planned nothing and that has kept me very busy. (Zaporah) Möglichkeitssinn am ungeteilten Horizont; Demut bis in die Endlichkeit hinein.

25.06.22

Immer wieder – Schonheit, Scho(e)nheit, Schoénheit – Schónheit. *Das ist die Form von Bildung, die es braucht, durch die Film oder Musik oder Literatur oder Performance einem helfen, soziale Phänomene zu durchleuchten oder menschliches Handeln zu verstehen. Die Bildung muss für mich immer angewandt sein, immer einer Frage oder einer Person zugewandt; sie muss antastbar und zugänglich sein.* (Emcke) Bildung der Zugangsform.

24.06.22

Regeneration, nicht Renaissance; diskrete Anthropologie.

23.06.22

Bartholomäusnacht. Meditationen. Simplicissimus. *Ja ich war so perfekt und vollkommen in der Unwissenheit, daß mir unmüglich war zu wissen, daß ich so gar nichts wußte. Ich sage noch* asymmetrisch, schmerzlich, sterblich, endlich erfahrene Welt, ohne sich über Gebühr metaphysicher Anleihen zu verpflichten. Ziel ist, ohne Gedanken- und Handlungsflucht auszukommen. Ziel ist, den Endgewinn – ein richtiggutes Leben – nicht zu vernachlässigen. Ziel ist, den raumzeitlich richtigen Zugang für ein gutes Leben zu wählen. Leben ist Tod, und Tod ist auch ein Leben. (Hölderlin) Releben.

30.04.22

‚Bedenke, dass du sterben musst‘, mahnten die alten Weisen und aus den Vernichtungslagern des 20. Jahrhunderts kommt die Botschaft *Sorget, daß euch in euerm Heim nicht geschehe, was uns hier geschieht!* (Levi)

01.05.22

Das okzidentale Himmelszelt Pantheon ermöglicht jetzt, zweckfrei in Wörtern spazieren zu gehen:

Penthaon – Vokale quiastisch wandern lassen – bietet uns einen Raum, in dem Geistiges zu W-Ort kommen kann.

Erotesik – Konsonanten quiastisch wandern lassen – bietet uns Beziehungsmöglichkeiten, die zweckfrei befrieden.

einmal, o edles Leben, das ich damals führete, aber mein Knan wollte solche Glückseligkeit nicht länger genießen lassen, sondern schätzte Billich sein, daß ich meiner adelichen Geburt gemäß auch adelich tun und leben sollte. Derowegen fienge er an, mich zu höhern Dingen anzuziehen und mir schwerere Lectiones aufzugeben. (Grimmelshausen) Bar®ock, Epoche immer schon – Zeitenwende. Epoché, accent aigu, Schoénheit

22.06.22

Dieser vierte Schritt in Richtung totaler Abstraktion – in Richtung der Nulldimensionalität – ist mit der Renaissance geleistet worden, und gegenwärtig ist er vollzogen. Ein weiterer Schritt zurück in die Abstraktion ist nicht tunlich: Weniger als nichts kann es nicht geben. Daher wenden wir uns sozusagen um 180 Grad und beginnen, ebenso langsam und mühselig, in Richtung des konkreten (der Lebenswelt) zurückzuschreiten. Daher die neue Praxis des Komputierens und Projizierens von Punktelementen zu Linien, Flächen, Körpern und uns angehenden Körpern ... Diese Praxis führt zur Auflösung der Objekte und ihrer Subjekte zu Beziehungsfeldern, und die Beziehung ›Subjekt-Objekt‹ wird selbst zu einer Relation, die nichts verbindet,

Reich'tumrA – endgewinnorientiert rückwärts lesen lernen, sonst geht am Ende Ein'w'Ort auf.

02.05.22

Langeweile kann sowohl Ursache wie Ergebnis von Depression sein und wirkt sich in jedem Fall als geistiges Gift aus. Langeweile steht an der Spitze der schlimmsten sozialen Übel. Und die Hauptaufgabe jeder zukünftigen Gesellschaft wird darin bestehen, mit ihrer durchdringenden Zerstörungskraft fertig zu werden. Ich bin überzeugt, daß das Bedürfnis nach Reisen, nach neuen Eindrücken und Liebesaffären, ja selbst kreative Anstrengungen nichts weiter als Sicherheitsventile gegen die Langeweile sind. (Wolff) Weit. *Der Mai ist gekommen, die Bäume schlagen aus. Da bleibe, wer Lust hat, mit Sorgen zu Haus. Wie die Wolken dort wandern am himmlischen Zelt, so steht auch mir der Sinn in die weite, weite Welt.* (Deutsches Volkslied) Lang. *Wenn ich wüsst', wo das ist, ging ich in die Welt hinein. Denn ich möcht' einmal recht, so von Herzen glücklich sein.* (Comedian Harmonists Chanson)

03.05.22

Und immer wieder Anderl.
Der Wille gehört in den Impuls einer

sondern sich als ›reine Relation‹, (›pure Intentionalität‹) darstellt. Von diesem Punkt ab muss sich unsere Praxis und unsere Einstellung überhaupt umstülpen. (Flusser) Ein Schritt zurück in die Transformation, Selbstoptimierung ist nicht tunlich. Re'schreiten fokussiert Umstülpung, Gebrauch des Selbst, Brauch, Ethos, Sitte in Richtung des Konkreten – Cisformation immer schon. Scho(e)nheit.

21.06.22

Die großen Philosophen haben sich mit Problemen beschäftigt, die nicht mehr und nicht weniger faszinierend sind als diejenigen, die aufgeweckte 17jährige über Sinn und Bedeutung nachdenken lassen. Diese Fragen vereinen moralische und metaphysische Probleme und machen deutlich, warum beides wichtig ist. Erwachsenwerden bedeutet nicht, daß wir diese Fragen hinter uns lassen. Im Gegenteil: Wir werden uns der Tatsache bewußter, daß Zufall und Glück eine immense Rolle im menschlichen Leben spielen, und wissen nicht so recht, ob wir das bejahen oder beklagen sollen. (Neimann) Cazzo! *Kraft seiner Selbstwahl ist aus dem rebellischen Engel der Prototypus selbstreferentieller Intelligenz geworden. Er ist in seine Umgebungs-Antisphäre gebannt, die bald zu Recht den Titel Umwelt tragen*

Bewegung; nicht in ihren Ablauf (Gindler).
Ich wollte, dass er mich nicht wollte; das war eine Volte!
Die stehende Zeit – l que(e)rstrich – zeitfrei;
als hätte ich mehrere Leben oder keines mehr. Reliebe.

04.05.22

Fastenbrechen. Innenverzehr umschalten auf Außenverzehr. Ich bin satt; ich bin voll; ich kann nicht mehr – der Gewohnheit ein Stoppschild zeigen! ‚Ich bin satt‘ reicht. Symbol. Hiat, Fuge, Spalt, Bruch – suche nicht den Ausgang, finde d'einen Zugang ›‹.

05.05.22

Europa in der Welt ist wie aufgestellt? Mental sind wir mal wieder durch. Europa in der Welt ist wie aufgestellt – Affektregulierung tut not. Finde d'einen Zugang – Rewelt.

07.05.22

Das heißt, man muss frei sein, um die Sprache zu besitzen, die man braucht. (H. Müller)

darf. (Sloterdijk) Cazzo !! Autorität ist jedoch in sich ein Akt der Phantasie. Sie ist kein Ding; sie ist die Suche nach der Festigkeit und Sicherheit in der Stärke anderer, die uns schließlich wie ein Ding erscheint. (Sennett) Cazzo !!! Die kürzeste Nacht im Jahr.

20.06.22

Wo die zwei am Anfang steht, wäre es abwegig, eine Aussage darüber zu erzwingen, welcher Pol im Innern des Duals angefangen hat. Natürlich muss der Mythos sagen wollen, wie alles begann und was das Erste war hier – wie überall. Aber indem er dies im Ernst versucht, muss er nun auch von einem ursprünglichen hin und her reden, bei dem es keinen ersten Pol geben kann. Das ist der Sinn der biblischen Rede von Ebenbildlichkeit. Sie wird nicht meinen, daß der Schöpfer, ein mystischer Solo-Android gewesen wäre, der irgendwann der Laune erlag, seine Erscheinung – wem denn erscheinend? – auf irdische Körper durchzupausen; dies wäre ebenso absurd wie der Gedanke, der Gott könne sich nach der Gesellschaft von nicht-ebenbürtigen, formähnlichen Lehmfiguren gesehnt haben. Nicht die hohle Menschpuppe ist es, was die Erschaffung von Subjektivität und gegenseitiger Beseeltheit meint. Ebenbildlichkeit ist nur ein steif

08.05.22

Das Mysterium von Golgatha. Der Höllentrichter in der Göttlichen Komödie. Die Soziale Plastik aus dem Umstülpungsvorgang. Reden von der Zeiten'wende, Scheitel'wert – Peak.

09.05.22

Wie viel Dividuationen sind nötig? Welche Individuation reicht hin? Wie lernen, Signale empfangen zu lernen? Resonanzaurorarrosaraum – Berg voll zu t(h)un im Epochen'bruch.

10.05.22

das T A O das genannt werden kann
hoppla
ist nicht das ewige T A O *die tödliche
doris* (W. Müller) hopp zeige deine
wunde
viel fehlt immer O O O hymnenufo
trashkokett A UR ORA dada
tod ist auch ein leben
in lieblich're bläue
wie er das liebt
anderlé
komm
O M

optisierender, ein dem Kunstwerkstättenjargon verhafteter Ausdruck für ein Verhältnis pneumatischer Gegenseitigkeit. Das intime Kommunizierenkönnen in einem primären Dual ist Gottes Patent. Es deutet nicht so sehr auf eine visuell erfahrbare Ähnlichkeit zwischen Urbild und Abbild hin als vielmehr auf die ursprüngliche Ergänzung Gottes durch seinen Adam und Adams durch seinen Gott. Hauchwissenschaft kann nur als Theorie der Paare in Gang kommen. (Sloterdijk) Die, die ich kenne, antworten nicht inhalt/ich; oder erst gar nicht.

19.06.22

Tatsächlich gibt es Erfahrungen, bei denen schlicht nicht gesagt werden kann, welche Einstimmung Vorrang besitzt, welche logisch und chronologisch zuerst kommt. Eine dieser Erfahrungen ist die allgemeine Erfahrung Schlüssel'reiz. In meiner Innenwelt macht sich ein Gefühl breit, das ich nicht aus mir selbst habe und das re'blickend anscheinend von dieser Schoenheit da drüben an der Bushaltestelle ausgesendet wurde. *die mysterien finden im hauptbahnhof statt.* (Beuys)

11.05.22

Die Macht der Mitte über die Ränder;
Episodenserie Eldorado KADEWE.
Mangel an Vitamin B12 Intrinsic Factor;
kommt auch in Deutschland vor.
Sinuhe der Ägypter (Waltari) – Re.

12.05.22

Hoppla coincidentia oppositorum;
Glückwunsch zur Vermählung.
Spiel mir das Lied vom Tod;
Nefer Nefer Nefer.
Re'factor.

13.05.22

Marie, Marie, wann kommt ein Brief von dir; Marie, Marie für 2104. (Chanson)

16.05.22

Mokusotage respektieren und sie in Erwartung von melancholischen Resonanzen nicht verteufeln. Die Orphakraft ist eine Funktion von Re und Re ist keine Funktion der Orphakraft. Gewohnter Gebrauch – Stopp; Ausrichtung – neuer Gebrauch. *In jedem Vorhaben, das seiner Umsetzung harrt, nimmt unser*

 # 18.06.22

Ausdenken, aussagen, ausgehen, ausleben – aus. Redenken, resagen, regehen, releben – re.

 # 17.06.22

was mich immer wieder erschreckt ist die innere erfahrung, daß in der selbstbeherrschung der eigenen gefühle, des hasses, der liebe, der trauer, des freuens eine wahnsinnige gewalt, macht verborgen liegt. ich kann in diesen augenblicken der selbstbeherrschung ganz identisch und liebevoll die hand zum trost greifen, obwohl ich es von den haßgefühlen her eigentlich nicht machen würde. das gegenteil wäre der fall. ich würde nichts weiter als stille gerechtigkeit empfinden, wenn ich ihm das messer in die brust bohren würde, denn es gibt situationen, in denen ich das gefühl habe, daß tyrannenmord gesund ist. wie dicht die beiden gefühle beieinander liegen, allein durch die fähigkeit der selbstbeherrschung, ist erschreckend.

 # 16.06.22

Sie wurde von Gassenjungen verfolgt, die Maricona schrien und Steine nach

unvollkommenes Selbst, das voller Ideale an seiner Zukunft strickt, Gestalt an. Es ist, anders gesagt, der körperliche Ausdruck eines inneren Dialogs. Von daher fördert jede tiefe Kenntnis eines Vorhabens oder einer Technik die Selbsterkenntnis. (Schiná)

 # 17.05.22

Der congeniale Gebrauch des Selbst ist die ursprungsgegenwärtige Bewusstheit, mit der der Leib dem Handeln eine salutogene Ausrichtung gibt. Vom Rand in die Mitte und zurück – puuhhh. ICH kann dem Akteur SELBST im SCHREIBEN nicht Herr werden – Re'fraktion.

 # 18.05.22

..., dann wird deutlich, worauf die Bejahung des Strickens, der Nadeln und der Scheren seitens der dritten Welle der Frauenbewegung beruht: nämlich auf dem Verweben und seinem Zerreißen, dem Zusammennähen und Auftrennen. Denn was sonst sind die ›Ausschnitte‹, die Schlitze, die Öffnungen? Es sind die Elemente, die Diskontinuität und Mängel suggerieren, es sind die Symbole des Defizits, die Gegebenheiten, die unaufhörlich jene beharrliche psychoanalytische Frage aufwerfen, mit der sich

ihr warfen. Sie rettete sich auf ein Ab-
stellgleis und kletterte in einen stehen-
den Wagen. Die Kinder verhöhnten sie
von unten weiter und durch die Wagen-
türen hagelte es steine noch und noch.
Divine hockte unter einer Sitzbank.
Sie verwünschte diese Horde von Kin-
dern mit aller Kraft. Sie röchelte vor
Haß, dann fühlte sie deutlich, es war
unmöglich diese Gassenjungen zu ver-
schlingen, sie mit den Zähnen und den
Nägeln zu zerreißen, wie sie es gern
gewollt hätte – und so begann sie die
Kinder zu lieben. Die Verzeihung ent-
sprang dem Übermaß ihrer Wut und
ihres Hasses und sie wurde ruhig. Vor
Wut läßt sie sich schließlich herbei, die
Liebe zwischen dem Neger und Notre-
Dame zu lieben. (Genet)

15.06.22

---

vernichtung (Baudelaire) triumph
■

perversion (Stoller) erotische form
von hass
■

wir'r mittendrin

14.06.22

---

in der nacht von montag auf diens-
tag hatte ich ein fürchterlich groß-
artiges erlebnis. es dreht sich um
papa und mich. es hat mich tief

die Geschlechtsidentität herumplagt,
die aber auch das erotische Verlangen
bestimmt; das Verlangen, das nichts
anderes ist als die Brücke zwischen
Fragmentierung und möglicher Ver-
vollständigung. (Schiná)

19.05.22

In der Regel nehmen wir an, wir seien
getrennt, und fragen uns, wie die Ver-
bindung zustande komme. Vielleicht
sollten wir lernen, häufiger die umge-
kehrte Frage zu stellen, wie also unter
der Annahme, wir seien verbunden, es
denn zu Trennungen kommt. (Sparrer)
Dividuationen lernen. Gemeinsinn,
Gemeinschaft, Gesellschaft, Glo-
balisierung, Glückskeks. In'forma-
tionen empfangen. In'dividuation
richtet neuen Gebrauch zwischen
Fragmentierung und möglicher
Vervollständigung aus.

21.05.22

Das Vorbereitungsgespräch für
einen Diversity-Fortbildungstag
findet in Neukölln statt. Die Hin-
fahrt aus Wilmersdorf ist etwa
fünfundvierzig Minuten lang. Län-
ger als zwei Stunden sollte das Ge-
spräch nicht dauern; anschließend
die Fahrt nach Reinickendorf zur
Fachtagung ,Onlineberatung in der

berührt. es ist jetzt leider nur noch in meiner erinnerung und der vorsatz, mich mit papa auszusprechen, dahin. es fing damit an, daß am sonntagabend der alte schulze angetrunken zu uns kam. papa war sehr froh, daß er ihn besuchte, und besorgte gleich bier vom nachbarn; jedenfalls betranken sich die beiden. mutti und ich gingen so gegen 23:30 uhr ins bett. gegen 2:00 uhr früh wurde ich dann auf einmal wach, da ich papa laut mit schulze reden hörte. papa brachte ihn zur haustür und dabei redeten sie dann noch einiges. da papa mit vor die tür ging und sie ihm zufiel, natürlich hatte er den schlüssel nicht in der tasche, klingelte er. er setzte sich förmlich auf die klingel und störte uns im schlaf. ich wollte erst nicht aufstehen, aber er klingelte wie ein verrückter; als ich den türöffner drückte, kam mutti auch aus ihrem zimmer und war ebenfalls entsetzt über eine solche unverschämtheit! am nächsten tag – er war zum mittag aufgestanden, war also sein frühstück –aßen wir zusammen. ich hatte sechs schulstunden hinter mir und war mit den nerven ziemlich runter. da sagte er: „gut, daß du die klingel gestern nacht gehört hast. ich hatte den schlüssel ja nicht bei und hätte sonst draußen bleiben

postdigitalen Gesellschaft – Beam. Me up, Soctty'. Ohhh je – die Fahrt von Neukölln mit der U-Bahn Linie 8 zum Rathaus Reinickendorf - eine andere Station wählen, um den U-Bahnhof Schönleinstraße zu umgehen? Dann muss das Arbeitsgespräch verkürzt werden, da der Fußweg sich bis zur übernächsten U-Bahnstation zeitlich verdoppelt. Die Schönleinstraße ist einfach nur anstrengend. Die Eingänge sind vermüllt, es stinkt nach Urin, Obdachlosigkeit bedrängt und Beschaffungsbettelei ärgert ... Ob wieder psychisch kranke Menschen da sind, die am Bahndamm Wartende vor den einfahrenden U-Bahnzug stoßen ...? Stopp. *Sein oder nicht sein, das ist die Frage – ob's im Geiste edler ist, die Geschosse und Pfeile des wütenden Geschickes zu erdulden, oder die Waffen gegen ein Meer von Plagen zu erheben und sie durch Widerstand zu enden.* (Shakespeare). Also lieber das Gespräch verkürzen und die Kollegin um Verständnis bitten oder den Stress aushalten und hoffen, dass es nicht sooo dysstressig kommt? Angekommen in Reinickendorf auf der Fachtagung sind dann ja ausruhen und zurücklehnen gut möglich, falls Erholungsbedarf besteht. Die Drift fällt auf; zu viel Drama – innerliches Schütteln, um die Schönleinstraße

müssen. da ging mir der hut hoch. ich hatte bloß auf eine gelegenheit gewartet, um ihm bescheid zu sagen. nun fing er von letzter nacht von allein an, was mir sehr gelegen kam. ich fuhr ihn ruhig, aber scharf und verletzend an, was er sich denn dächte und erzählte ihm, daß er mutti und mich letzte nacht, den bruder am sonntagmorgen (er kam aus der nachtwache), die schwester in der nacht samstag auf sonntag (sie kam freitag aus münchen übers wochenende), wach gemacht hätte. es sei doch eine unverschämtheit, und er mache mich krank, wenn er so weiter mächte. er sei eine belastung und ein ständiger druck auf meinem gemüt. dies knallte ich ihm vor den kopf, obwohl er bloß – indirekt jedenfalls – dank sagen wollte, daß ich ihm die tür aufgemacht habe. er war bestürzt und verletzt, denn er sagte nicht viel. als er dann doch anfing, diesen monat, wolle er alles aufklären mit der kirche – davon spricht er schon solange ich denken kann – bin ich vom tisch gegangen und habe meinen nachtisch im anderen zimmer gegessen. innerlich war ich aufgeregt, daß ich kaum genug luft kriegen konnte, um mein schnell schlagendes herz damit zu versorgen. dieser streit endete damit, daß er sagte, was wir vorauseilend einfach hinter mir zu lassen und mich auf den Gesamttag einstimmen! Ach, morgens einfach nur im Alltag ankommen! Dann entwickelt sich schon das Verständnis für die Dinge, gegen die früher ein Leben zu lassen müssen geglaubt wurde ...! *Möglicherweise ist Drift der Gegenbegriff zum Katjekt. Die Drift kommt, wie sie kommt, das Katjekt verfängt sich in seiner Form. Aber kann man sich dieses Unterschieds so sicher sein? Der Begriff der Drift stammt aus der Evolutionstheorie. Er bezeichnet einen Prozess spontaner Abstimmung zwischen Organismen und ihren inneren und äußeren Umwelten. Spontan wie er ist, ist der Prozess mindestens rekursiv, wenn nicht reflexiv. Er greift auf sich zurück und er greift auf sich voraus. Er kalkuliert. ... Katjekte kalkulieren Bezeichnungen und Unterscheidungen im Medium ihrer selbst.* (Baecker)

22.05.22

Selbst'verständlich

Daß aber in der Form der Warenwerte alle Arbeiten als gleiche menschliche Arbeit und daher als gleichgeltend ausgedrückt sind, konnte Aristoteles nicht aus der Wertform selbst herauslesen, weil die griechische Gesellschaft auf der Sklavenarbeit beruhte, daher

uns eigentlich einbildeten, wozu er noch lebe, er dürfe wohl gar nichts mehr! in dem moment, als er es sagte, hätte ich ihn für jedes wort ohrfeigen mögen, so habe ich ihn gehaßt!

meinem eigentlichen erlebnis ging dieses voraus. ich habe es aufgeschrieben, weil ich es nie vergessen möchte.

denn abends im bett dachte ich über alles nach.

ich lag wohl zwei stunden wach und konnte nicht schlafen. meine beziehung war so gespannt wie nie zuvor, und ich dachte, ich müsse ausziehen oder ihn einfach meiden – irgendwie drehte sich dieses tiefe gefühl des hasses gegen ihn, je mehr ich über ihn und meine situation nachdachte, zum ersten mal über unendliches mitleid in aufrichtige liebe um. ich sah alles mit anderen augen und nahm mir vor, mich bei ihm für mein benehmen am mittag zu entschuldigen – ja, mehr noch: ich wollte ihm sagen, daß er recht gehabt habe, daß ich ein gemeiner kerl sei, denn ich hätte ihm noch nie, solange ich denken kann, eine geste oder ähnliches der zuneigung gezeigt. im geist sah ich mich vor ihm auf den knien liegen und für all meine sünden um verzeihung bitten. ich weinte bei diesen

die Ungleichheit der Menschen und ihrer Arbeitskräfte zur Naturbasis hatte. Das Geheimnis des Wertausdrucks, die Gleichheit und gleiche Gültigkeit aller Arbeiten, weil und insofern sie menschliche Arbeit überhaupt sind, kann nur entziffert werden, sobald der Begriff der menschlichen Gleichheit bereits die Festigkeit eines Volksvorurteils besitzt. Das ist aber erst möglich in einer Gesellschaft, worin die Warenform die allgemeine Form des Arbeitsprodukts, also auch das Verhältnis der Menschen zueinander als Warenbesitzer das herrschende gesellschaftliche Verhältnis ist. Das Genie des Aristoteles glänzt grade darin, daß er im Wertausdruck der Waren ein Gleichheitsverhältnis entdeckt. Nur die historische Schranke der Gesellschaft, worin er lebte, verhindert ihn herauszufinden, worin denn „in Wahrheit" dies Gleichheitsverhältnis besteht. (Marx)

kalkulierte Aristoteles Bezeichnungen und Unterscheidungen im Medium seines sklavenherkünftig ablehnungsgebundenen Selbst; selbst'verständlich

kalkulieren Häutige (Stefan) Poetik des Ambientes im Medium ihres Re'jectionselbst – Welthautin'dividuum.

phantasien ins bett hinein, ich betete erschöpft, daß gott mir die kraft geben solle, daß ich diese gedanken, die ich mir zum vorsatz auszuführen gemacht hatte, nicht von mir wies und das verhältnis zwischen uns beiden nicht weiter so unbefriedigend bliebe. ich weiß jetzt, daß ich es nicht kann; doch am montag, ich hörte ihn noch in der nacht unten herumgehen, war ich nahe daran aufzustehen und mit ihm zu reden. in meinem geist existiert jetzt ein anderes bild von papa mit dem ich reden kann und wo ich weiß, der mir verzeiht und mich anhört. aber in der wirklichkeit bin ich papa noch keinen deut nähergekommen. unser verhältnis hat sich nicht geändert. seine stimme ruft in mir unbehagen hervor. doch die imaginäre gestalt kann ich nun lieben, und sie ist es, die mir im moment hilft, ihn besser zu ertragen. jetzt, wo ich mit ihm zusammenlebe, wo ich seine stimme höre, bin ich vom vorsatz mit ihm zu sprechen, so weit weg, als hätte ich ihn nie gefaßt. ich werde dieses gespräch nicht tun können, wenn er nicht den ersten schritt geht. und wenn er es tut, werde ich den schritt nicht erkennen, da ich mein ganzes leben alle positiven handlungen papas zu negativen gemacht habe. ach, das erste

Weit, lang; weiten, längen – Stopp; nicht drängen, steigern, komparitivisieren, mathematisieren, ideologisieren. *Was mit solchem Nachdruck hier hervorgehoben wird, das ist nun in der Tat der Springpunkt des jetzigen Spätkapitalismus: durch die Dialektik von Aneignungsprozeß und Arbeitsprozeß vollzieht sich die Entwicklung der kapitalistischen Produktionsweise als Prozeß ständig zunehmender Vergesellschaftung der Arbeit, der Vergesellschaftung der Arbeit auf ständig wachsender Stufenleiter. Das hat Marx mit einzigartigem Scharfblick gesehen. Was er aber nicht gesehen hat und nicht hat sehen können, das ist die strukturelle Vollendung dieses Vergesellschaftungsprozesses der Arbeit, der Schritt zur strukturell vollvergesellschafteten Arbeit. Das ist das Neue, was seit Marx eingetreten ist und wodurch ein neuartiges Formprinzip der möglichen Synthesis der Vergesellschaftung ins Dasein gekommen ist ... Wir treten in eine Epoche der offenen, unverhohlenen Bürgerkriege ein, in der die Dinge bei ihrem unverfälschten Namen genannt werden können, in der die Herrscher als Usurpatoren kenntlich sind und als Usurpatoren den beherrschten deshalb die Sprache verbieten müssen.* (Sohn-Rethel) Weit, lang reicht. Eine

mal muß ich mich selbst verachten, denn ich stehe nicht dazu, was ich mir vorgenommen habe. ich habe auch noch gedacht, indem ich bete, „machst einen bund mit gott" oder so; vielleicht wird durch dieses gespräch zwischen papa und seiner spinnerei mit der kirche auch alles gut. aber nichts davon; ich bin einfach nicht in der lage, darüber zu sprechen. ich erkenne meine grenzen, und es fällt schwer zu wissen, das wirst du nie erreichen. ich bin am ende und drehe mich mit meinen gedanken im kreis. ich weiß nur, daß ich gern wieder kind wär, und von all diesem, was mich jetzt bedrückt, blieb nur das einzige, nämlich der wunsch, erwachsen zu werden.

13.06.22

Wenn Perversion aus Bedrohung und dem sich daraus ergebenden Hass entsteht – woher dann die Lust? Ein schweres Trauma und eine tiefe Kränkung kennen keine Lust, ebenso wenig wie die Wut. Lust entsteht erst, wenn Phantasie – jene Phantasie, die Perversion zu etwas ausschließlich Menschlichem macht, tätig ist. Die Phantasie macht das Trauma ungeschehen, und im Tagtraum – dem manifesten Inhalt, dem bewusst ersonnenen Handlungs-

Synthesis neuer Vergesellschaftung ist Realität – Zugang nehmen, Richtung geben. Die Abstraktion ist eine Funktion des Tauschs und der Tausch ist keine Funktion der Abstraktion. Das Ich ist eine Funktion. Die Abstraktion ist Ich. Das Ich ist Tausch wert – MEANS WHEREBY. *Im Reich der Zwecke hat alles entweder einen Preis, oder eine Würde. (Kant)*

26.05.22

Here Comes Everybody HCE everybody, every body, body und ich hab gedacht nah schön – er so gut wie jeder andere und hab ihn mein füßeln gezeigt und dann hat er mir füßelnd geantwortet und s'ich gezeigt Ja & LGBTQIA+

27.05.22

Goethe werden drei Pubertäten nachgesagt und Katjekt synchronisiert mindestens zweimal Erwachsenwerden.

28.05.22

Freude schöner Götterfunken, Tochter aus Elysium. Wir betreten feuertrunken, himmlische dein Heiligtum. (Schiller) 1000 Jahre Freud und Leid

faden der Phantasie – kann es, wenn nötig immer wieder, ungeschehen gemacht werden. (Stoller) Schlinge(r)nde Mokusotage ■

 # 12.06.22

Die selbst'bespiegelnde Be(s)tätigung durchsetzter Lustphantasien – in der Pornografie, von manifesten Perversionen wie Terror und Krieg ganz zu schweigen – ist ein Sch(l)usslustritus mit Wiederholungsdrang: Lust, kind/ichés, autonomes Triumphieren selbsthassträchtig phantasieren – wohin Eros, ganz Sohn von Armut und Reichtum, nicht will, denn wenn auch viel fehlt, wird er vielfältige Gaben nicht verbrennen.

 # 11.06.22

Bar jeder Vernunft – großes Begehren im funkelnden Spiegelzelt.

 # 10.06.22

Immer schon. *Schonheit verweist auf unser Einstimmen auf etwas anderes, wobei es sich um einen Tanz handelt, in dem dieses andere sich ebenso schon auf uns einstimmt. Tatsächlich gibt es Erfahrungen, bei denen schlicht nicht gesagt werden kann, welche*

Erinnerungen (Ai Weiwei) In'Dividuationen

 # 29.05.22

Über die Erde wandelt eine heilige Schar;
sie tragen Kronen unsichtbar. ...
Ein Sonntag läutet in ihrer Brust
mit Glocken der Freude.
(Gesangbuch Neuapostolische Kirche)
Aprilkapriolen besingen den Mai

 # 30.05.22

Kirchenbanksitzkissenpuperzeitangststurm – Wortmonster

Novemberangstkörperjahresringe – Signale empfangen

Annakarinavonkotzeblüh – Regression ins Heroische

Lassen ■ die Monster rein
Mailustkörpergrünblätterdach

 # 31.05.22

Homo Sapiens korrumpiert Zeiten;
Homo Deus korrumpiert Mysterien.
Planet kollaboriert Eigenzeit;
Geistiges kollaboriert Raumzeit.
In'dividuation regeneriert

Einstimmung Vorrang besitzt; welche logisch und chronologisch zuerst kommt. Eine dieser Erfahrungen ist die allgemeine Erfahrung der Schönheit. Von ihr können wir eine Menge lernen. ... In meiner Innenwelt macht sich ein Gefühl breit, das ich nicht aus mir selbst habe und das anscheinend von diesem Objekt da drüben an der Galeriewand ausgesendet wurde; wenn ich aber herausfinden möchte, wo sich dieses Gefühl genau befindet, und was daran, dass ich dieses Gefühl habe, an dem Ding liegt und was an mir, kann ich es nicht isolieren, ohne ebendas Schöne an ihm zu zerstören. (Morton) Lernen, Signale empfangen zu lernen: Dekonstruktion, Detumeszenz, Degrowth, Trito (ital. zerkleinert).

08.06.22

Zehnklässler*innen mit ihrer Lehrerin und ihrem Lehrer aus Bad Arolsen besuchen Berlin und im Zentrum City West – im Bereich der Kreuzung Rankestraße, Ecke Tauentzienstraße, am Anfang des Ku'damms – kommt es zur Katastrophe. Ein 29-jähriger Mann – paranoide Schizophrenie, die öffentlich, rechtlich mediale Sprachregelung – fährt in die Menschengruppe. Die Lehrerin ist tot ■ mehrere Schwerstverletzte, viele verwundet.

01.06.22

Primärkontrollbewusst. Die Entscheidung für die Arbeit an und mit einem Katjekt ist die Entscheidung eines Beobachters für die Arbeit an einer Komplexität, die ihn, – und sie – einbezieht. Im strengen Sinn einer kybernetischen Methodologie geht es bei dieser Arbeit nicht um verstehen, sondern um Kontrolle, und nicht um die Kontrolle des Gegenstands, sondern der Beobachtung selbst. Es geht um den Aufbau eines Gedächtnisses der Beobachtung für sie selbst, gewonnen aus Experimenten mit der Erfüllung und Enttäuschung eigener Erwartungen. Lief das in der frühen Kybernetik darauf hinaus, in Input/Output-Tabellen die Reaktionen von Black Boxes zu notieren, um ihren Transformationsfunktionen auf die Spur zu kommen, so explodiert das Feld der Möglichkeiten mit der Einführung von Zustandsfunktionen und operationaler Geschlossenheit, so dass sich der Beobachter auf eine eigene Geschichte – einen eigenen ›Tanz‹ – mit dem Gegenstand einlassen muss. (Baecker)

02.06.22

hash (Doppelkreuz, Raute) tag (Markierung): #Symbol hashtag –

 # 07.06.22

Das schöne Schiff

Ich will dir künden, du verzauberndes Entzücken, Die schönen Dinge, die mir deine Jugend

schmücken;
Ich male deine Schönheit dir,
Wo sich der reife Pracht gepaart des Kindes Zier. (Baudelaire)

 # 06.06.22

Pfingstmontag – wer kann schon unversehrt aus seiner Haut fahren, aus seinem Zeitfenster springen und seiner markierenden Gesellschaftsform biografisch entwischen?

 # 05.06.22

Pfingstsonntag – man hat mich um ein Ob'dach gebracht und das heißt Selbst. Gestalt ist, wie das Werk den Künstler, nicht wie ein Künstler das Werk schafft.

 # 04.06.22

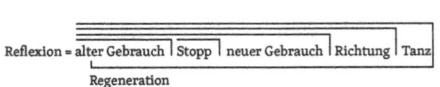

Reflexion = alter Gebrauch ꟾ Stopp ꟾ neuer Gebrauch ꟾ Richtung ꟾ Tanz
Regeneration

wie ich in und für jeden Fall doppelten Boden begehre, Sicherheitsnetze, #selbst erschöpfe und #wir - auf dessen Fundament #és alles unhintergehbar hockt - und #ich wir'r ander/é verantwortlich mache

 # 04.06.22

Reflexion = alter Gebrauch ꟾ Stopp ꟾ neuer Gebrauch ꟾ Richtung ꟾ Tanz
Regeneration

Die Metaphorik der Cyborgs kann uns einen Weg aus dem Labyrinth der Dualismen weisen, in dem wir uns unsere Körper und Werkzeuge erklärt haben. Dies ist kein Traum einer gemeinsamen Sprache, sondern einer mächtigen, ungläubigen Vielzüngigkeit. Es ist eine mögliche Imagination einer Feministin, die in Zungen redet und dabei scharfzüngig genug ist, den Schaltkreisen der Super-Retter, der neuen Rechten, Angst einzuflößen. Das bedeutet zugleich den Aufbau wie die Zerstörung von Maschinen, Identitäten, Kategorien, Verhältnissen, Räumen und Geschichten. Wenn auch beide in einem rituellen Tanz verbunden sind, wäre ich lieber ein Cyborg als eine Göttin (Haraway). *Bar jeder*

Die Metaphorik der Cyborgs kann uns einen Weg aus dem Labyrinth der Dualismen weisen, in dem wir uns unsere Körper und Werkzeuge erklärt haben. Dies ist kein Traum einer gemeinsamen Sprache, sondern einer mächtigen, ungläubigen Vielzüngigkeit. Es ist eine mögliche Imagination einer Feministin, die in Zungen redet und dabei scharfzüngig genug ist, den Schaltkreisen der Super-Retter, der neuen Rechten, Angst einzuflößen. Das bedeutet zugleich den Aufbau wie die Zerstörung von Maschinen, Identitäten, Kategorien, Verhältnissen, Räumen und Geschichten. Wenn auch beide in einem rituellen Tanz verbunden sind, wäre ich lieber ein Cyborg als eine Göttin (Haraway). Bar jeder Vernunft – keine Angst vor großen Worten. (Diseuse Dee)

02.06.22

---

hash (Doppelkreuz, Raute) tag (Markierung): #Symbol hashtag –
wie ich in und für jeden Fall
doppelten Boden begehre,
Sicherheitsnetze,
#selbst erschöpfe und
#wir – auf dessen Fundament
#és alles unhintergehbar hockt – und
#ich wir'r ander/é verantwortlich mache

Vernunft – keine Angst vor großen Worten. (Diseuse Dee)

05.06.22

Pfingstsonntag – man hat mich um ein Ob'dach gebracht und das heißt Selbst. Gestalt ist, wie das Werk den Künstler, nicht wie ein Künstler das Werk schafft.

06.06.22

Pfingstmontag – wer kann schon unversehrt aus seiner Haut fahren, aus seinem Zeitfenster springen und seiner markierenden Gesellschaftsform biografisch entwischen?

07.06.22

Das schöne Schiff

Ich will dir künden, du verzauberndes Entzücken, Die schönen Dinge, die mir deine Jugend
schmücken;
Ich male deine Schönheit dir,
Wo sich der reife Pracht gepaart des Kindes Zier. (Baudelaire)

08.06.22

Zehnklässler*innen mit ihrer Lehrerin und ihrem Lehrer aus Bad

69

01.06.22

Primärkontrollbewusst. *Die Entscheidung für die Arbeit an und mit einem Katjekt ist die Entscheidung eines Beobachters für die Arbeit an einer Komplexität, die ihn, – und sie – einbezieht. Im strengen Sinn einer kybernetischen Methodologie geht es bei dieser Arbeit nicht um verstehen, sondern um Kontrolle, und nicht um die Kontrolle des Gegenstands, sondern der Beobachtung selbst. Es geht um den Aufbau eines Gedächtnisses der Beobachtung für sie selbst, gewonnen aus Experimenten mit der Erfüllung und Enttäuschung eigener Erwartungen. Lief das in der frühen Kybernetik darauf hinaus, in Input/Output-Tabellen die Reaktionen von Black Boxes zu notieren, um ihren Transformationsfunktionen auf die Spur zu kommen, so explodiert das Feld der Möglichkeiten mit der Einführung von Zustandsfunktionen und operationaler Geschlossenheit, so dass sich der Beobachter auf eine eigene Geschichte – einen eigenen ›Tanz‹ – mit dem Gegenstand einlassen muss.* (Baecker)

31.05.22

Homo Sapiens korrumpiert Zeiten;
Homo Deus korrumpiert Mysterien.
Planet kollaboriert Eigenzeit;
Geistiges kollaboriert Raumzeit.

Arolsen besuchen Berlin und im Zentrum City West – im Bereich der Kreuzung Rankestraße, Ecke Tauentzienstraße, am Anfang des Ku'damms – kommt es zur Katastrophe. Ein 29-jähriger Mann – paranoide Schizophrenie, die öffentlich, rechtlich mediale Sprachregelung – fährt in die Menschengruppe. Die Lehrerin ist tot ■ mehrere Schwerstverletzte, viele verwundet.

10.06.22

Immer schon. *Schonheit verweist auf unser Einstimmen auf etwas anderes, wobei es sich um einen Tanz handelt, in dem dieses andere sich ebenso schon auf uns einstimmt. Tatsächlich gibt es Erfahrungen, bei denen schlicht nicht gesagt werden kann, welche Einstimmung Vorrang besitzt; welche logisch und chronologisch zuerst kommt. Eine dieser Erfahrungen ist die allgemeine Erfahrung der Schönheit. Von ihr können wir eine Menge lernen. ... In meiner Innenwelt macht sich ein Gefühl breit, das ich nicht aus mir selbst habe und das anscheinend von diesem Objekt da drüben an der Galeriewand ausgesendet wurde; wenn ich aber herausfinden möchte, wo sich dieses Gefühl genau befindet, und was daran, dass ich dieses Gefühl habe, an dem Ding liegt und was an mir, kann ich es nicht isolieren,*

In'dividuation regeneriert

30.05.22

Kirchenbanksitzkissenpuperzeitangststurm – Wortmonster

Novemberangstkörperjahresringe – Signale empfangen

Annakarinavonkotzeblüh – Regression ins Heroische

Lassen ▆ die Monster rein Mailustkörpergrünblätterdach

29.05.22

Über die Erde wandelt eine heilige Schar;
sie tragen Kronen unsichtbar. ...
Ein Sonntag läutet in ihrer Brust
mit Glocken der Freude.
(Gesangbuch Neuapostolische Kirche)
Aprilkapriolen besingen den Mai

28.05.22

Freude schöner Götterfunken, Tochter aus Elysium. Wir betreten feuertrunken, himmlische dein Heiligtum. (Schiller) *1000 Jahre Freud und Leid Erinnerungen* (Ai Weiwei) *In'Dividuationen*

ohne ebendas Schöne an ihm zu zerstören. (Morton) Lernen, Signale empfangen zu lernen: Dekonstruktion, Detumeszenz, Degrowth, Trito (ital. zerkleinert).

11.06.22

Bar jeder Vernunft – großes Begehren im funkelnden Spiegelzelt.

12.06.22

Die selbst'bespiegelnde Be(s)tätigung durchsetzter Lustphantasien – in der Pornografie, von manifesten Perversionen wie Terror und Krieg ganz zu schweigen – ist ein Sch(l)usslustritus mit Wiederholungsdrang: Lust, kind/ichés, autonomes Triumphieren selbsthassträchtig phantasieren – wohin Eros, ganz Sohn von Armut und Reichtum, nicht will, denn wenn auch viel fehlt, wird er vielfältige Gaben nicht verbrennen.

13.06.22

Wenn Perversion aus Bedrohung und dem sich daraus ergebenden Hass entsteht – woher dann die Lust? Ein schweres Trauma und eine tiefe Kränkung kennen keine Lust, ebensowenig wie die Wut. Lust entsteht erst, wenn

27.05.22

Goethe werden drei Pubertäten nachgesagt und Katjekt synchronisiert mindestens zweimal Erwachsenwerden.

26.05.22

Here Comes Everybody HCE
everybody, every body, body und
ich hab gedacht nah schön –
er so gut wie jeder andere und
hab ihn mein füßeln gezeigt und
dann hat er mir füßelnd geantwortet und
s'ich gezeigt Ja & LGBTQIA+

25.05.22

Weit, lang; weiten, längen – Stopp; nicht drängen, steigern, komparitivisieren, mathematisieren, ideologisieren. *Was mit solchem Nachdruck hier hervorgehoben wird, das ist nun in der Tat der Springpunkt des jetzigen Spätkapitalismus: durch die Dialektik von Aneignungsprozeß und Arbeitsprozeß vollzieht sich die Entwicklung der kapitalistischen Produktionsweise als Prozeß ständig zunehmender Vergesellschaftung der Arbeit, der Vergesellschaftung der Arbeit auf ständig wachsender Stufenleiter. Das hat Marx mit einzigartigem Scharfblick gesehen.*

Phantasie – jene Phantasie, die Perversion zu etwas ausschließlich Menschlichem macht, tätig ist. Die Phantasie macht das Trauma ungeschehen, und im Tagtraum – dem manifesten Inhalt, dem bewusst ersonnenen Handlungsfaden der Phantasie – kann es, wenn nötig immer wieder, ungeschehen gemacht werden. (Stoller) Schlinge(r)nde Mokusotage ▉

14.06.22

in der nacht von montag auf dienstag hatte ich ein fürchterlich großartiges erlebnis. es dreht sich um papa und mich. es hat mich tief berührt. es ist jetzt leider nur noch in meiner erinnerung und der vorsatz, mich mit papa auszusprechen, dahin. es fing damit an, daß am sonntagabend der alte schulze angetrunken zu uns kam. papa war sehr froh, daß er ihn besuchte, und besorgte gleich bier vom nachbarn; jedenfalls betranken sich die beiden. mutti und ich gingen so gegen 23:30 uhr ins bett. gegen 2:00 uhr früh wurde ich dann auf einmal wach, da ich papa laut mit schulze reden hörte. papa brachte ihn zur haustür und dabei redeten sie dann noch einiges. da papa mit vor die tür ging und sie ihm zufiel, natürlich hatte er den schlüssel nicht in der

Was er aber nicht gesehen hat und nicht hat sehen können, das ist die strukturelle Vollendung dieses Vergesellschaftungsprozesses der Arbeit, der Schritt zur strukturell vollvergesellschafteten Arbeit. Das ist das Neue, was seit Marx eingetreten ist und wodurch ein neuartiges Formprinzip der möglichen Synthesis der Vergesellschaftung ins Dasein gekommen ist ... Wir treten in eine Epoche der offenen, unverhohlenen Bürgerkriege ein, in der die Dinge bei ihrem unverfälschten Namen genannt werden können, in der die Herrscher als Usurpatoren kenntlich sind und als Usurpatoren den beherrschten deshalb die Sprache verbieten müssen. (Sohn-Rethel) Weit, lang reicht. Eine Synthesis neuer Vergesellschaftung ist Realität – Zugang nehmen, Richtung geben. Die Abstraktion ist eine Funktion des Tauschs und der Tausch ist keine Funktion der Abstraktion. Das Ich ist eine Funktion. Die Abstraktion ist Ich. Das Ich ist Tausch wert – MEANS WHEREBY. *Im Reich der Zwecke hat alles entweder einen Preis, oder eine Würde.* (Kant)

22.05.22

Selbst'verständlich
Daß aber in der Form der Warenwerte alle Arbeiten als gleiche menschliche Arbeit und daher als gleichgeltend

tasche, klingelte er. er setzte sich förmlich auf die klingel und störte uns im schlaf. ich wollte erst nicht aufstehen, aber er klingelte wie ein verrückter; als ich den türöffner drückte, kam mutti auch aus ihrem zimmer und war ebenfalls entsetzt über eine solche unverschämtheit! am nächsten tag – er war zum mittag aufgestanden, war also sein frühstück –aßen wir zusammen. ich hatte sechs schulstunden hinter mir und war mit den nerven ziemlich runter. da sagte er: „gut, daß du die klingel gestern nacht gehört hast. ich hatte den schlüssel ja nicht bei und hätte sonst draußen bleiben müssen. da ging mir der hut hoch. ich hatte bloß auf eine gelegenheit gewartet, um ihm bescheid zu sagen. nun fing er von letzter nacht von allein an, was mir sehr gelegen kam. ich fuhr ihn ruhig, aber scharf und verletzend an, was er sich denn dächte und erzählte ihm, daß er mutti und mich letzte nacht, den bruder am sonntagmorgen (er kam aus der nachtwache), die schwester in der nacht samstag auf sonntag (sie kam freitag aus münchen übers wochenende), wach gemacht hätte. es sei doch eine unverschämtheit, und er mache mich krank, wenn er so weiter mächte. er sei eine belastung und ein ständiger druck auf meinem

ausgedrückt sind, konnte Aristoteles nicht aus der Wertform selbst herauslesen, weil die griechische Gesellschaft auf der Sklavenarbeit beruhte, daher die Ungleichheit der Menschen und ihrer Arbeitskräfte zur Naturbasis hatte. Das Geheimnis des Wertausdrucks, die Gleichheit und gleiche Gültigkeit aller Arbeiten, weil und insofern sie menschliche Arbeit überhaupt sind, kann nur entziffert werden, sobald der Begriff der menschlichen Gleichheit bereits die Festigkeit eines Volksvorurteils besitzt. Das ist aber erst möglich in einer Gesellschaft, worin die Warenform die allgemeine Form des Arbeitsprodukts, also auch das Verhältnis der Menschen zueinander als Warenbesitzer das herrschende gesellschaftliche Verhältnis ist. Das Genie des Aristoteles glänzt grade darin, daß er im Wertausdruck der Waren ein Gleichheitsverhältnis entdeckt. Nur die historische Schranke der Gesellschaft, worin er lebte, verhindert ihn herauszufinden, worin denn „in Wahrheit" dies Gleichheitsverhältnis besteht. (Marx)

kalkulierte Aristoteles Bezeichnungen und Unterscheidungen im Medium seines sklavenherkünftig ablehnungsgebundenen Selbst; selbst'verständlich

kalkulieren Häutige (Stefan) Poetik des Ambientes im Medium ihres Re'jectionselbst –

gemüt. dies knallte ich ihm vor den kopf, obwohl er bloß – indirekt jedenfalls – dank sagen wollte, daß ich ihm die tür aufgemacht habe. er war bestürzt und verletzt, denn er sagte nicht viel. als er dann doch anfing, diesen monat, wolle er alles aufklären mit der kirche – davon spricht er schon solange ich denken kann – bin ich vom tisch gegangen und habe meinen nachtisch im anderen zimmer gegessen. innerlich war ich aufgeregt, daß ich kaum genug luft kriegen konnte, um mein schnell schlagendes herz damit zu versorgen. dieser streit endete damit, daß er sagte, was wir uns eigentlich einbildeten, wozu er noch lebe, er dürfe wohl gar nichts mehr! in dem moment, als er es sagte, hätte ich ihn für jedes wort ohrfeigen mögen, so habe ich ihn gehaßt!

meinem eigentlichen erlebnis ging dieses voraus. ich habe es aufgeschrieben, weil ich es nie vergessen möchte.

denn abends im bett dachte ich über alles nach.

ich lag wohl zwei stunden wach und konnte nicht schlafen. meine beziehung war so gespannt wie nie zuvor, und ich dachte, ich müsse ausziehen oder ihn einfach meiden – irgendwie drehte sich dieses tiefe gefühl des hasses gegen ihn, je

Welthautin'dividuum.

Das Vorbereitungsgespräch für einen Diversity-Fortbildungstag findet in Neukölln statt. Die Hinfahrt aus Wilmersdorf ist etwa fünfundvierzig Minuten lang. Länger als zwei Stunden sollte das Gespräch nicht dauern; anschließend die Fahrt nach Reinickendorf zur Fachtagung ‚Onlineberatung in der postdigitalen Gesellschaft – Beam. Me up, Soctty'. Ohhh je – die Fahrt von Neukölln mit der U-Bahn Linie 8 zum Rathaus Reinickendorf – eine andere Station wählen, um den U-Bahnhof Schönleinstraße zu umgehen? Dann muss das Arbeitsgespräch verkürzt werden, da der Fußweg sich bis zur übernächsten U-Bahnstation zeitlich verdoppelt. Die Schönleinstraße ist einfach nur anstrengend. Die Eingänge sind vermüllt, es stinkt nach Urin, Obdachlosigkeit bedrängt und Beschaffungsbettelei ärgert ... Ob wieder psychisch kranke Menschen da sind, die am Bahndamm Wartende vor den einfahrenden U-Bahnzug stoßen ...? Stopp. *Sein oder nicht sein, das ist die Frage – ob's im Geiste edler ist, die Geschosse und Pfeile des wütenden Geschickes zu erdulden, oder die*

mehr ich über ihn und meine situation nachdachte, zum ersten mal über unendliches mitleid in aufrichtige liebe um. ich sah alles mit anderen augen und nahm mir vor, mich bei ihm für mein benehmen am mittag zu entschuldigen – ja, mehr noch: ich wollte ihm sagen, daß er recht gehabt habe, daß ich ein gemeiner kerl sei, denn ich hätte ihm noch nie, solange ich denken kann, eine geste oder ähnliches der zuneigung gezeigt. im geist sah ich mich vor ihm auf den knien liegen und für all meine sünden um verzeihung bitten. ich weinte bei diesen phantasien ins bett hinein, ich betete erschöpft, daß gott mir die kraft geben solle, daß ich diese gedanken, die ich mir zum vorsatz auszuführen gemacht hatte, nicht von mir wies und das verhältnis zwischen uns beiden nicht weiter so unbefriedigend bliebe. ich weiß jetzt, daß ich es nicht kann; doch am montag, ich hörte ihn noch in der nacht unten herumgehen, war ich nahe daran aufzustehen und mit ihm zu reden. in meinem geist existiert jetzt ein anderes bild von papa mit dem ich reden kann und wo ich weiß, der mir verzeiht und mich anhört. aber in der wirklichkeit bin ich papa noch keinen deut nähergekommen. unser verhältnis hat

Waffen gegen ein Meer von Plagen zu erheben und sie durch Widerstand zu enden. (Shakespeare). Also lieber das Gespräch verkürzen und die Kollegin um Verständnis bitten oder den Stress aushalten und hoffen, dass es nicht sooo dysstressig kommt? Angekommen in Reinickendorf auf der Fachtagung sind dann ja ausruhen und zurücklehnen gut möglich, falls Erholungsbedarf besteht. Die Drift fällt auf; zu viel Drama – innerliches Schütteln, um die Schönleinstraße vorauseilend einfach hinter mir zu lassen und mich auf den Gesamttag einstimmen! Ach, morgens einfach nur im Alltag ankommen! Dann entwickelt sich schon das Verständnis für die Dinge, gegen die früher ein Leben zu lassen müssen geglaubt wurde ...! *Möglicherweise ist Drift der Gegenbegriff zum Katjekt. Die Drift kommt, wie sie kommt, das Katjekt verfängt sich in seiner Form. Aber kann man sich dieses Unterschieds so sicher sein? Der Begriff der Drift stammt aus der Evolutionstheorie. Er bezeichnet einen Prozess spontaner Abstimmung zwischen Organismen und ihren inneren und äußeren Umwelten. Spontan wie er ist, ist der Prozess mindestens rekursiv, wenn nicht reflexiv. Er greift auf sich zurück und er greift auf sich voraus. Er kalkuliert. ... Katjekte kalkulieren Bezeichnungen und Unter-*

sich nicht geändert. seine stimme ruft in mir unbehagen hervor. doch die imaginäre gestalt kann ich nun lieben, und sie ist es, die mir im moment hilft, ihn besser zu ertragen. jetzt, wo ich mit ihm zusammenlebe, wo ich seine stimme höre, bin ich vom vorsatz mit ihm zu sprechen, so weit weg, als hätte ich ihn nie gefaßt. ich werde dieses gespräch nicht tun können, wenn er nicht den ersten schritt geht. und wenn er es tut, werde ich den schritt nicht erkennen, da ich mein ganzes leben alle positiven handlungen papas zu negativen gemacht habe. ach, das erste mal muß ich mich selbst verachten, denn ich stehe nicht dazu, was ich mir vorgenommen habe. ich habe auch noch gedacht, indem ich bete, „machst einen bund mit gott" oder so; vielleicht wird durch dieses gespräch zwischen papa und seiner spinnerei mit der kirche auch alles gut. aber nichts davon; ich bin einfach nicht in der lage, darüber zu sprechen. ich erkenne meine grenzen, und es fällt schwer zu wissen, das wirst du nie erreichen. ich bin am ende und drehe mich mit meinen gedanken im kreis. ich weiß nur, daß ich gern wieder kind wär, und von all diesem, was mich jetzt bedrückt, blieb nur das einzige, nämlich der wunsch, erwachsen zu werden.

scheidungen im Medium ihrer selbst. (Baecker)

19.05.22

In der Regel nehmen wir an, wir seien getrennt, und fragen uns, wie die Verbindung zustande komme. Vielleicht sollten wir lernen, häufiger die umgekehrte Frage zu stellen, wie also unter der Annahme, wir seien verbunden, es denn zu Trennungen kommt. (Sparrer) Dividuationen lernen. Gemeinsinn, Gemeinschaft, Gesellschaft, Globalisierung, Glückskeks. In'formationen empfangen. In'dividuation richtet neuen Gebrauch zwischen Fragmentierung und möglicher Vervollständigung aus.

18.05.22

..., dann wird deutlich, worauf die Bejahung des Strickens, der Nadeln und der Scheren seitens der dritten Welle der Frauenbewegung beruht: nämlich auf dem Verweben und seinem Zerreißen, dem Zusammennähen und Auftrennen. Denn was sonst sind die ›Ausschnitte‹, die Schlitze, die Öffnungen? Es sind die Elemente, die Diskontinuität und Mängel suggerieren, es sind die Symbole des Defizits, die Gegebenheiten, die unaufhörlich jene beharrliche psychoanalytische Frage aufwerfen, mit der sich

15.06.22

vernichtung (Baudelaire) triumph ▪

perversion (Stoller) erotische form von hass ▪

wir'r mittendrin

16.06.22

Sie wurde von Gassenjungen verfolgt, die Maricona schrien und Steine nach ihr warfen. Sie rettete sich auf ein Abstellgleis und kletterte in einen stehenden Wagen. Die Kinder verhöhnten sie von unten weiter und durch die Wagentüren hagelte es steine noch und noch. Divine hockte unter einer Sitzbank. Sie verwünschte diese Horde von Kindern mit aller Kraft. Sie röchelte vor Haß, dann fühlte sie deutlich, es war unmöglich diese Gassenjungen zu verschlingen, sie mit den Zähnen und den Nägeln zu zerreißen, wie sie es gern gewollt hätte – und so begann sie die Kinder zu lieben. Die Verzeihung entsprang dem Übermaß ihrer Wut und ihres Hasses und sie wurde ruhig. Vor Wut läßt sie sich schließlich herbei, die Liebe zwischen dem Neger und Notre-Dame zu lieben. (Genet)

die Geschlechtsidentität herumplagt,
die aber auch das erotische Verlangen
bestimmt; das Verlangen, das nichts
anderes ist als die Brücke zwischen
Fragmentierung und möglicher Ver-
vollständigung. (Schiná)

17.05.22

Der congeniale Gebrauch des Selbst
ist die ursprungsgegenwärtige Be-
wusstheit, mit der der Leib dem
Handeln eine salutogene Ausrich-
tung gibt. Vom Rand in die Mitte
und zurück – puuhhh. ICH kann
dem Akteur SELBST im SCHREI-
BEN nicht Herr werden – Re'frak-
tion.

16.05.22

Mokusotage respektieren und sie
in Erwartung von melancholischen
Resonanzen nicht verteufeln. Die
Orphakraft ist eine Funktion von
Re und Re ist keine Funktion der
Orphakraft. Gewohnter Gebrauch –
Stopp; Ausrichtung – neuer Ge-
brauch. *In jedem Vorhaben, das seiner*
Umsetzung harrt, nimmt unser un-
vollkommenes Selbst, das voller Ideale
an seiner Zukunft strickt, Gestalt an.
Es ist, anders gesagt, der körperli-
che Ausdruck eines inneren Dialogs.
Von daher fördert jede tiefe Kenntnis

17.06.22

was mich immer wieder erschreckt
ist die innere erfahrung, daß in der
selbstbeherrschung der eigenen
gefühle, des hasses, der liebe, der
trauer, des freuens eine wahnsin-
nige gewalt, macht verborgen liegt.
ich kann in diesen augenblicken
der selbstbeherrschung ganz iden-
tisch und liebevoll die hand zum
trost greifen, obwohl ich es von den
haßgefühlen her eigentlich nicht
machen würde. das gegenteil wäre
der fall. ich würde nichts weiter
als stille gerechtigkeit empfinden,
wenn ich ihm das messer in die
brust bohren würde, denn es gibt
situationen, in denen ich das gefühl
habe, daß tyrannenmord gesund ist.
wie dicht die beiden gefühle beiei-
nander liegen, allein durch die fä-
higkeit der selbstbeherrschung, ist
erschreckend.

18.06.22

Ausdenken, aussagen, ausgehen,
ausleben – aus. Redenken, resagen,
regehen, releben – re.

19.06.22

Tatsächlich gibt es Erfahrungen, bei
denen schlicht nicht gesagt werden

eines Vorhabens oder einer Technik die Selbsterkenntnis. (Schiná)

13.05.22

Marie, Marie, wann kommt ein Brief von dir; Marie, Marie für 2104. (Chanson)

12.05.22

Hoppla coincidentia oppositorum;
Glückwunsch zur Vermählung.
Spiel mir das Lied vom Tod;
Nefer Nefer Nefer.
Re'factor.

11.05.22

Die Macht der Mitte über die Ränder;
Episodenserie Eldorado KADEWE.
Mangel an Vitamin B12 Intrinsic Factor;
kommt auch in Deutschland vor.
Sinuhe der Ägypter (Waltari) – Re.

10.05.22

---

das T A O das genannt werden kann
hoppla
ist nicht das ewige T A O *die tödliche
doris* (W. Müller) hopp zeige deine
wunde
viel fehlt immer O O O hymnenufo

kann, welche Einstimmung Vorrang besitzt, welche logisch und chronologisch zuerst kommt. Eine dieser Erfahrungen ist die allgemeine Erfahrung Schlüssel'reiz. In meiner Innenwelt macht sich ein Gefühl breit, das ich nicht aus mir selbst habe und das re'blickend anscheinend von dieser Schoenheit da drüben an der Bushaltestelle ausgesendet wurde. *die mysterien finden im hauptbahnhof statt.* (Beuys)

20.06.22

Wo die zwei am Anfang steht, wäre es abwegig, eine Aussage darüber zu erzwingen, welcher Pol im Innern des Duals angefangen hat. Natürlich muss der Mythos sagen wollen, wie alles begann und was das Erste war hier – wie überall. Aber indem er dies im Ernst versucht, muss er nun auch von einem ursprünglichen hin und her reden, bei dem es keinen ersten Pol geben kann. Das ist der Sinn der biblischen Rede von Ebenbildlichkeit. Sie wird nicht meinen, daß der Schöpfer, ein mystischer Solo-Android gewesen wäre, der irgendwann der Laune erlag, seine Erscheinung – wem denn erscheinend? – auf irdische Körper durchzupausen; dies wäre ebenso absurd wie der Gedanke, der Gott könne sich nach der Gesellschaft von nicht-ebenbürtigen,

trashkokett A UR ORA dada
tod ist auch ein leben
in lieblich're bläue
wie er das liebt
anderlé
komm
O M

09.05.22

Wie viel Dividuationen sind nötig?
Welche Individuation reicht hin?
Wie lernen, Signale empfangen
zu lernen? Resonanzaurorarrosaraum – Berg voll zu t(h)un im Epochen'bruch.

08.05.22

Das Mysterium von Golgatha. Der
Höllentrichter in der Göttlichen Komödie. Die Soziale Plastik aus dem
Umstülpungsvorgang. Reden von
der Zeiten'wende, Scheitel'wert –
Peak.

07.05.22

---

*Das heißt, man muss frei sein, um die
Sprache zu besitzen, die man braucht.
(H. Müller)*

05.05.22

Europa in der Welt ist wie aufge-

*formähnlichen Lehmfiguren gesehnt
haben. Nicht die hohle Menschpuppe
ist es, was die Erschaffung von Subjektivität und gegenseitiger Beseeltheit
meint. Ebenbildlichkeit ist nur ein steif
optisierender, ein dem Kunstwerkstättenjargon verhafteter Ausdruck für ein
Verhältnis pneumatischer Gegenseitigkeit. Das intime Kommunizierenkönnen in einem primären Dual ist Gottes
Patent. Es deutet nicht so sehr auf eine
visuell erfahrbare Ähnlichkeit zwischen Urbild und Abbild hin als vielmehr auf die ursprüngliche Ergänzung
Gottes durch seinen Adam und Adams
durch seinen Gott. Hauchwissenschaft
kann nur als Theorie der Paare in Gang
kommen. (Sloterdijk) Die, die ich
kenne, antworten nicht inhalt/ich;
oder erst gar nicht.*

21.06.22

---

*Die großen Philosophen haben sich mit
Problemen beschäftigt, die nicht mehr
und nicht weniger faszinierend sind als
diejenigen, die aufgeweckte 17jährige
über Sinn und Bedeutung nachdenken
lassen. Diese Fragen vereinen moralische und metaphysische Probleme und
machen deutlich, warum beides wichtig ist. Erwachsenwerden bedeutet
nicht, daß wir diese Fragen hinter uns
lassen. Im Gegenteil: Wir werden uns
der Tatsache bewußter, daß Zufall und*

stellt? Mental sind wir mal wieder durch. Europa in der Welt ist wie aufgestellt – Affektregulierung tut not. Finde d'einen Zugang – Rewelt.

04.05.22

Fastenbrechen. Innenverzehr umschalten auf Außenverzehr. Ich bin satt; ich bin voll; ich kann nicht mehr – der Gewohnheit ein Stoppschild zeigen! ‚Ich bin satt' reicht. Symbol. Hiat, Fuge, Spalt, Bruch – suche nicht den Ausgang, finde d'einen Zugang ›‹.

03.05.22

Und immer wieder Anderl.
Der Wille gehört in den Impuls einer Bewegung; nicht in ihren Ablauf (Gindler).
Ich wollte, dass er mich nicht wollte; das war eine Volte!
Die stehende Zeit – l que(e)rstrich – zeitfrei;
als hätte ich mehrere Leben oder keines mehr. Reliebe.

02.05.22

Langeweile kann sowohl Ursache wie Ergebnis von Depression sein und wirkt sich in jedem Fall als geistiges Gift aus. Langeweile steht an der Spitze der

Glück eine immense Rolle im menschlichen Leben spielen, und wissen nicht so recht, ob wir das bejahen oder beklagen sollen. (Neimann) Cazzo! Kraft seiner Selbstwahl ist aus dem rebellischen Engel der Prototypus selbstreferentieller Intellligenz geworden. Er ist in seine Umgebungs-Antisphäre gebannt, die bald zu Recht den Titel Umwelt tragen darf. (Sloterdijk) Cazzo!! Autorität ist jedoch in sich ein Akt der Phantasie. Sie ist kein Ding; sie ist die Suche nach der Festigkeit und Sicherheit in der Stärke anderer, die uns schließlich wie ein Ding erscheint. (Sennett) Cazzo!!! Die kürzeste Nacht im Jahr.

22.06.22

Dieser vierte Schritt in Richtung totaler Abstraktion – in Richtung der Nulldimensionalität – ist mit der Renaissance geleistet worden, und gegenwärtig ist er vollzogen. Ein weiterer Schritt zurück in die Abstraktion ist nicht tunlich: Weniger als nichts kann es nicht geben. Daher wenden wir uns sozusagen um 180 Grad und beginnen, ebenso langsam und mühselig, in Richtung des konkreten (der Lebenswelt) zurückzuschreiten. Daher die neue Praxis des Komputierens und Projizierens von Punktelementen zu Linien, Flächen, Körpern und uns angehenden Körpern ... Diese Praxis führt

schlimmsten sozialen Übel. Und die Hauptaufgabe jeder zukünftigen Gesellschaft wird darin bestehen, mit ihrer durchdringenden Zerstörungskraft fertig zu werden. *Ich bin überzeugt, daß das Bedürfnis nach Reisen, nach neuen Eindrücken und Liebesaffären, ja selbst kreative Anstrengungen nichts weiter als Sicherheitsventile gegen die Langeweile sind.* (Wolff) Weit. *Der Mai ist gekommen, die Bäume schlagen aus. Da bleibe, wer Lust hat, mit Sorgen zu Haus. Wie die Wolken dort wandern am himmlischen Zelt, so steht auch mir der Sinn in die weite, weite Welt.* (Deutsches Volkslied) Lang. *Wenn ich wüsst', wo das ist, ging ich in die Welt hinein. Denn ich möcht' einmal recht, so von Herzen glücklich sein.* (Comedian Harmonists Chanson)

01.05.22

Das okzidentale Himmelszelt Pantheon ermöglicht jetzt, zweckfrei in Wörtern spazieren zu gehen:

Penthaon – Vokale quiastisch wandern lassen – bietet uns einen Raum, in dem Geistiges zu W-Ort kommen kann.

Erotesik – Konsonanten quiastisch wandern lassen – bietet uns Beziehungsmöglichkeiten, die zweckfrei befrieden.

Reich'tumrA – endgewinnorien-

zur Auflösung der Objekte und ihrer Subjekte zu Beziehungsfeldern, und die Beziehung ›Subjekt-Objekt‹ wird selbst zu einer Relation, die nichts verbindet, sondern sich als ›reine Relation‹, (›pure Intentionalität‹) darstellt. Von diesem Punkt ab muß sich unsere Praxis und unsere Einstellung überhaupt umstülpen. (Flusser) Ein Schritt zurück in die Transformation, Selbstoptimierung ist nicht tunlich. Re'schreiten fokussiert Umstülpung, Gebrauch des Selbst, Brauch, Ethos, Sitte in Richtung des Konkreten – Cisformation immer schon. Scho(e)nheit.

23.06.22

Bartholomäusnacht. Meditationen. Simplicissimus. *Ja ich war so perfekt und vollkommen in der Unwissenheit, daß mir unmüglich war zu wissen, daß ich so gar nichts wußte. Ich sage noch einmal, o edles Leben, das ich damals führete, aber mein Knan wollte solche Glückseligkeit nicht länger genießen lassen, sondern schätzte Billich sein, daß ich meiner adelichen Geburt gemäß auch adelich tun und leben sollte. Derowegen fienge er an, mich zu höhern Dingen anzuziehen und mir schwerere Lectiones aufzugeben.* (Grimmelshausen) Bar®ock, Epoche immer schon – Zeitenwende. Epoché, accent aigu, Schoénheit

tiert rückwärts lesen lernen, sonst geht am Ende Ein'w'Ort auf.

30.04.22

‚Bedenke, dass du sterben musst', mahnten die alten Weisen und aus den Vernichtungslagern des 20. Jahrhunderts kommt die Botschaft *Sorget, daß euch in euerm Heim nicht geschehe, was uns hier geschieht!* (Levi)

29.04.22

Ziel ist, in einer konflikthaften, widersprüchlichen, planetarpluralen Welt ohne Meta-Credits richtiggut zu leben und lernen, Signale empfangen zu lernen. Ziel ist die Ein-Sicht der Verwicklung in eine asymmetrisch, schmerzlich, sterblich, endlich erfahrene Welt, ohne sich über Gebühr metaphysischer Anleihen zu verpflichten. Ziel ist, ohne Gedanken- und Handlungsflucht auszukommen. Ziel ist, den Endgewinn – ein richtiggutes Leben – nicht zu vernachlässigen. Ziel ist, den raumzeitlich richtigen Zugang für ein gutes Leben zu wählen. Leben ist Tod, und Tod ist auch ein Leben. (Hölderlin) Releben.

24.06.22

Regeneration, nicht Renaissance; diskrete Anthropologie.

25.06.22

Immer wieder – Schonheit, Scho(e) nheit, Schoénheit – Schónheit. *Das ist die Form von Bildung, die es braucht, durch die Film oder Musik oder Literatur oder Performance einem helfen, soziale Phänomene zu durchleuchten oder menschliches Handeln zu verstehen. Die Bildung muss für mich immer angewandt sein, immer einer Frage oder einer Person zugewandt; sie muss antastbar und zugänglich sein.* (Emcke) Bildung der Zugangsform.

26.06.22

I have planned nothing and that has kept me very busy. (Zaporah) Möglichkeitssinn am ungeteilten Horizont; Demut bis in die Endlichkeit hinein.

27.06.22

Suche nicht den Ausgang, finde d'einen Zugang – angewandt, zugewandt, antastbar, zugänglich, amor'al.

Heilfasten beginnt heute mit dem Entlastungstag – umschalten auf Innenverzehr. Ökologisches Denken geschieht nicht unbedingt aus rationalem Eigennutz. Es ist vom Begehren durchsetzt und *unterhalb der Verhöhnungssphäre liegt eine Melancholieregion, in der die Dinge weniger entsetzlich und unsicher werden, in der alle möglichen Fantasien umhertreiben wie Meerjungfrauen zwischen Tang und Unterseebooten. Nach und nach tut sich ein Gefilde unaussprechlicher, nichtmenschlicher Schönheit auf, das nicht von normativen anthropozentrischen Parametern eingeengt ist.* (Morton) In der U-Bahn 1 Richtung Warschauer Straße auf dem Weg zur Alexander-Stunde wird ein Schlüsselbegriff *means-whereby* ‚Mittel-und-Wege' konkret. Bewusstheit der melancholischen Region – weit, lang – unterläuft den Schierlingsbecher.

Ein weiterer Re'schritt ist nicht tunlich – mehr er'ich'selbst'fried kann ich gar nicht. Es ist ‚was es ist, sagt die Klugheit und dada hinter liegt Ander/and.

der puppenjunge (Mackay)
inmitten dieser sonnenatmenden erde
reagiert pompös mit
eigenem
namen

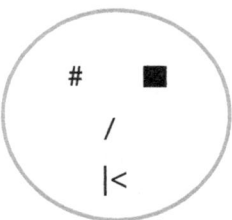

& fertig ist ein Regesicht

TEIL DREI

01. Juli 2022

bis 12. August 2022

12.08.22

Zwei altneue Möglichkeiten re'öffnen sích:
Müssen wirk/ích lassen und weg ist és.
Re'epochébewusstes accent aigu – sié.
Resié.

11.08.22

Geliebt wirst du einzig, wo schwach du dich zeigen darfst, ohne Stärke zu provozieren. (Adorno) Re deutet um – liebe starkes Handeln ohne beobachtete Schwäche, Ander/e auszubeuten.

10.08.22

Re stellt sich eine ethischmoralische Bildung als intrinsisches Momentum des Beobachtens und Handelns vor; im Unterschied zu einer durch Außen einzubringenden oder eingebrachten Wertung. So re'bewertet er das Reich kantiger Zwecke neu; wo alles seinen Preis hat, oder eine Würde. Und übrigens: *Ein dicker Sack – den Bauer Bolte, Der ihn zur Mühle tragen wollte, Um auszuruhn mal hingestellt Dicht an ein reifes Ährenfeld, – Legt sich in würdevolle Falten Und fängt'ne Rede an zu halten.*

01.07.22

Re fährt den Abend auf altem Rad. Es dauert, bis er in geistige Bewegung ankommt.

02.07.22

Welch geistige Drehung weckt den Morgen?

03.07.22

Was ist modern Geistiges – ist es ambivalent, antagonistisch, binär hyperaktiv? Ist es in seiner Virulenz vor allem nur noch hegemonial, so dass gar keine Chancen auf Selbst'ständigkeit mehr aufgerufen werden können, weil die Moderne Autonomie durch eine bigotte Immanenz, genannt Transformation, ein übers andere Mal alternativlos framet? Ist modern nur noch ein Surrogat für geistig? Muss Transformation desillusioniert und cisformiert werden? Druckst das okzidentale Jahrhundert am Morgen vor dem Tag herum?

04.07.22

Re schmerzt, dass ihn die Arroganz des Begriffs tief getroffen hat. Es ist traurig für ihn, dass ein Wort im

(Busch) - da hört er's rauschen ährenwert im Wertefeld ...

09.08.22

Die Vergesellschaftung der Sexualität, die Psychiatrisierung des Alltags, die Ökonomisierung des Sozialen, die Politisierung der Gesundheit, die Mediatisierung des Geistigen - der Gebrauch des Selbst, der hoch vonnöten ist, dass Re das Trump'elvieh nicht frisst.

08.08.22

Er* ist wieder erstaunt - wie Welt s'ich baut.
You'll never walk alone - Kanzler Scholz.
Würde Re Würde würdig würfeln?
www.wuerfel.n

07.08.22

Kybernetik ist die Wissenschaft der Steuerung. Primärkontrolle wird gebraucht. Der Gebrauch Selfisteuerung ist ,weg von' dem Gebrauchs-, Tausch-, Warenwert ,hin zu' Wertsteuerung.

Auf einer theoretischen Ebene bedeutet dies also - insbesondere mit Blick auf den Bildungskontext -, die ethischmoralische Charaktervor-

Großen und Ganzen nicht W'Ort hält, wo Zukünfte geteilt und Aktionen geplant werden, wo Gestalt noch Cisformation kollaborieren kann. Könnte man die Black Box Universum für einen Augenblick lichtdurchfluten, säße auf jedem Sternenhaufen ein Hahn, der auf seinem Misthaufen ,Universum' kräht. Er schmunzelt über einen Witz, der in esoterischen Kreisen kursiert, in sich hinein. *Es kommt eine Galaxie aus Äonentiefen auf die Milchstraße zugeflogen; und da aufgrund ihrer Geschwindigkeit nur wenig Zeit bleibt zu grüßen, ruft sie schon weit vor ihrem Vorbeiflug „Wie geht's?" Die Milchstraße - noch in sich gekehrt und mit sich selbst beschäftigt - vermag nicht so schnell zu antworten und ruft der kosmisch Uraltbekannten gerade noch verständlich hinterher: „Nicht so gut; ich habe Homo sapiens!" Die vorbeischießende Galaxie, fast schon wieder in den Weiten des Universums verschwunden, ruft nun ihrerseits, gerade noch für die Milchstraße vernehmbar: „Mach dir nichts draus, das geht vorbei!" Res Schmunzeln vertieft sich ins Melancholische. O Mensch! Gib acht! Was spricht die tiefe Mitternacht? Ich schlief, ich schlief –, Aus tiefem Traum bin ich erwacht: Die Welt ist tief, Und tiefer als der Tag gedacht. Tief ist ihr Weh –, Lust - tiefer noch*

stellung als ein intrinsisches Momentum des Beobachtens und Handelns zu verstehen, nicht als eine von außen einzubringende oder eingebrachte Wertung.

06.08.22

Weil Leistung im Wettbewerb allein nicht trägt, verbleibt Re gern gemeinschaft/ich in Solidarität.

In dieser quasi kybernetischen Fassung des einen vom andern wird es nicht verwundern, dass man das Forderungsprofil theoretisch umstellen kann oder vielleicht muss.

05.08.22

Gestern Morgen erwachte Re von einem lauten Knall. Auf dem Polizei-Sprengplatz im Grunewald explodierten Feuerwerkskörper und weit gefährlichere Sprengsätze. Seitdem brennt es auf über eineinhalb Hektar Waldgebiet; die Stadtautobahn Avus sowie die S-Bahnstrecke Richtung Potsdam sind gesperrt. Ander/es lautes Nachdenken auf dem Spaziergang durch den Tiergarten am Morgen:
„Tja, die Rückkehr der Elementé ..."
Welches Fass zersplittert flúchtig?
Rock-bottom-attitude (Erikson) –
Res Polioimmunisierung?

als Herzeleid: Weh spricht: Vergeh! Doch alle Lust will Ewigkeit –, – will tiefe, tiefe Ewigkeit! (Nietzsche) Er verspürt Verlustschmerz, den unwiederbringlichen Verlust abendländischen Privilegs: Äonentiefes Obdach. Mokuso.

05.07.22

Re-Lektüre. Simplicissimus. Langhans I. Étant donnés oder Gegeben sei die Öllampe in eine Frauen Hand. Dada. *Es war eine Verpflichtung zur Vernunft, zu einem Sinn für Schönheit – diese Dinge sind unbeugsam, kompromisslos und jeder Versuch, sie zu unterdrücken, muss zwangsläufig Widerstand hervorrufen.* (Ai Weiwei) Schónheit.

06.07.22

Im Medium Selbst verhandelt er selbst – Res publica. *Wenn er wüßt, wo das ist, ging er in die Welt hinein* (Comedian Harmonists) – aggredere & recht freund/ich sein. Er fragt sich, ob es hinreicht, mit notwendiger Freude und Lebendigkeit das geistige Feuer am Brennen zu halten? Re-Evaluation.

04.08.22

KonI<retio. Habitus. Gesamtpersönlichkeit.

03.08.22

Umgangssprachlich wird große Hitze von alters her auch Hundstage genannt – in konI<reto jetzt selbsthautfleischmarkverbrennungsmarker.

02.08.22

Wenn die Seinsweise des Selbst menschlich (zu denken, zu messen, zu werten) ist, dann ist Menschlickkeit das Charakteristikum von Selbst. Der Wert des Selbstseins ist menschlich, wie es der Wert des Menschseins ist, selbst (Selbst) zu sein. Dieser existenzlogisch-hermeneutisch erhobene Gedanke ist an sich selbstverständlich. (Bauer). So richtet Re jetzt selbst'verständlich Mit aus – Mitlaufendes, Unbestimmtes, Menschliches.

01.08.22

Re leistet sich eine zarte Empirie, die sich mit dem Gegenstand innigst identisch macht und er kontert die Arroganz des Begriffs. *In dieser quasi kybernetischen Fassung des einen vom*

07.07.22

Durch den Sch/itz zeigt Re Gesicht, Ant/itz. Ist Schónheit in Resonanz, spricht Schönheit im Ant/itz und Ant/itz mit Schönheit Vitalität an.

08.07.22

Seinen modern'den Körper erlebt Re weitausgreifend wechselhaft, dauerhaft einengend, end/ich alltäg/ich.

11.07.22

Res Selbst'disziplin ist eine Form der bewussten Selbst'regulierung.

12.07.22

Tief hat die Arroganz des Begriffs Re im Griff.

Er reflektiert diszipliniert Subjekt, Projekt, Objekt, Katjekt, Abjekt und gendert aus der Y-Perspektive. *Ich kann nicht fliegen, ich wäre froh, wenn ich es könnte, aber ich kann es nun einmal nicht.* (Sokrates) Und überhaupt Daimonion, Seele – wer antwortet denn da? Spiegelt er sich nicht nur wider'spenstig in Koketterien? Seine Füße brennen am Morgen und die Augen am Abend. Freiheit ist kein Ziel, sondern ist und bleibt Richtung für ihn – der Gebrauch des Selbst.

andern wird es nicht verwundern, dass man das Forderungsprofil theoretisch umstellen kann oder vielleicht sogar muss: die Werte-Ideologie der Medien, besser: des Mediengebrauchs zur Mediologie von Werten, besser: des Wertegebrauchs. Das setzt klarerweise voraus, dass Werte nicht von Medien abhängen und nicht durch sie definiert werden, sondern die Ausrichtung (der Gebrauch) von Werten im Kontext einer im Modus von Medien (des Gebrauchs von Medien) verhandelten Gesellschaft eine logische Positionierung erfahren, die sie in einer Wissens-, Industrie- oder Agrargesellschaft so nicht hätten. (Bauer)

31.07.22

Auch der von Joseph Beuys geprägte Ausdruck der ›sozialen Plastik‹ erweist sich als eine nützliche Anregung – man dürfte ihn jedoch nicht mehr für von Künstlern arrangierte Situationen reservieren, sondern müßte ihn auf den gesamten Raum beziehen, in dem Wohlstandsvorteile distribuiert, Wünsche ausgearbeitet, Subjektivitäten differenziert und immunitäre Allianzen entfaltet werden. So gesehen ist die Erste-Weltweite Installation ›Wohlstandsgesellschaft‹ de facto eine soziale Plastik, die von ihren Teilnehmern mitmodelliert wird. (Sloterdijk) Die

13.07.22

Seine Augen brennen heute am Morgen. Ichfunktionär*in, Selbstakteur*in, Regestalter*in. Autokratie, Demokratie, Mediokratie, Medium, Bot*in. Die Bot*in ist nicht die Botschaft. Identitätspolitiken, was denn sonst – Richtung Freiheit! *Selbsterkenntnis verhindern. Das heißt Versklavung.* (Fichte)

14.07.22

Archaisch. Magisch. Mythisch. Mental. Intersektional. Heute brennen ihm die Augen den ganzen Tag. Augen oder Mund schließen – Mystik. *Feminismus, Inspektion der Herrenkultur* (Pusch) fordert Post'mystifikation, das heißt, frei sein, um die intersektionale Sprache zu besitzen, die Re* braucht.

15.07.22

Res Altersrente ist ein Réjà-vu. Das Glas; das Glas ist halb voll – Opti'mist. Die Angst vor Monster, Chimäre, Cyborg, Cis und Antisphäre richtet die Zivilisation – aus. Gegeben sei das Glas, nicht halb voll, nicht halb leer, Glas glasgesamt, Gesamtglas, Öllampe, Licht, Schónheit – allesamt unbeugsam, zeitfrei kompromisslos?

erste weltweite Installation Wohlstandsgesellschaft sozial managen, in der Wohlstandsvorteile distribuiert, Wünsche ausgearbeitet, Subjektivitäten differenziert und immunitäre Allianzen entfaltet werden – Regnose?

30.07.22

Religio – die geistige Fixierung auf etwas, woraus das Handeln und das Denken in gewisse Richtungen gezwungen wird – sensibilisiert die Empfindung für eine dogmatische Pietät, die ein vollkommenes Aufgehen im Absoluten, eine rückhaltlose Verbindung mit dem Allerhöchsten erzwingt; ansonsten ist das Konzept Metaphysik gnadenlos gescheitert. Landet Re jetzt selbst als gefallener Engel in der Antisphäre, die aktuelle Propagandisten als lgbtq/ re*gen'bo'gen verfluchen? Die Form der Freiheit in der Abstraktion – die stille Musiké (Cage), die farbige Linié (Mondrian), die monochrome Fläché (Malewitsch), das plastisch Soziálé (Beuys), das Kollektivsinguláré – stillt Res dadadiobobobi Alphabéat in KonI<retio.

16.07.22

Die Politik rennt, brennt, himmelschreiend. Spiritualität – die nicht in die Rewelt führt und Alltag cisformiert – ist ihm ein Irrweg. Zunehmend verspielt eine curriculare Funktion verblödend den cartesianischen Impuls, erstens den Mut, am Zeitgeist ontologisch fortlaufend zu zweifeln und zweitens, diszipliniert zu sitzen liegen stehen gehen. Gegeben sei – Cisformation. Die euphemistische, hegemoniale und omnipräsente Rede von Transformation erscheint ihm mehr und mehr propagandistisch von géStern. Alternativlos ist hier keine*r: Cis'Frau und Cis'Mann – ein interner Kommunikationsprozess in Rés primärem Dual – Willkommen heißen heißt beglückende Vermählung. Epoché der Schónheit.

17.07.22

Angstlustlebensangstlust? Was für eine Angst, was für eine Lust? Das sind Résfragen – darüber zu reden, wie wir leben wollen und zunehmend, ob wir leben wollen.

Re re'zitiert im Morgengrauen selbst
Selbst:
von der pflicht zur kür
durch die immanenz berührt
singularität. (Selbst)
5'7'5 Silbenart dreizeilensmart;
Ménsch möchte schón wissen,
worum Tintenfassmónsch ringt.

28.07.22

Ausrichtung des Selbst selbst im
Morgen'grauen als Wert der Kom-
munikation, der Beobachtung, der
Gesellschaft, der Handlung, der
Freiheit; denn im Alltag durch-
kreuzt Re verschiedene Medien von
Zeichen und Buchstaben bis Wörter
und Sätze, die sich in Texte, Perfor-
mationen verwandeln und in Texte,
Sätze, Wörter, Buchstaben, Zeichen
zurückkehren – dancing the alpha-
beat.

27.07.22

Mitternacht. *Was hier vermutlich aber*
auch noch deutlich gemacht werden
muss, ist die Verwendung des Werte-
begriffes. Entgegen weit verbreiteter –
und vor allem im politischen Diskurs
gebräuchlicher – Hypostasierung, die
dazu neigt, Werte zu Gegenständen der

19.07.22

Welcher Gedankenfluss schwillt mit
Empathieverdruss, Komfortzonen-
bashing, Lebensalteranästhesie,
Mediendissoziation, Zeitgeistangst
an und nimmt jeden Kraftstrom
deprimierend in sich auf? Ja, es
gab immer wieder Zeiten, sich an-
zuschließen. Aber – *Ausgesetzt auf*
den Bergen des Herzens. Siehe, wie
klein dort, siehe: die letzte Ortschaft
der Worte, und höher, aber wie klein
auch, noch ein letztes Gehöft von Ge-
fühl. Erkennst du's? (Rilke) – d'ort, wo
die Poetik des Ambientes so dünn
wird und digitalisierte Hauchwis-
senschaft ihren finalen Ausatem
algorithmisiert; dort, wo all das in
Hyperhypoausschlüsse zu münden
droht und die Arroganz des Begriffs
Re am Narzissteich irr'igiert – wel-
che Wasser spiegeln ihn?

21.07.22

heimweh das in die kindheit scheint ist
der vorhof auf dem die sterblichkeit in
der höhle tiefe schrein (Selbst). Es gibt
für Re einen melancholischen Refe-
renzpunkt, der nicht auf Allgemein-
heit aus ist. Trocknen ihm Neuro-
nen aus? Sterben ihm Arten der
Spiegelung ab? Stopp. Badet er im
alten Gebrauch der Allgemeinheit,

Produktion (z. B. Bildung) oder zu Zielgrößen einer Strategie (Ausrichtung) zu machen – liegt es in der Intention dieser Abhandlung, die Ausrichtung selbst als Wert (der Kommunikation, der Gesellschaft, der Handlung, der Beobachtung) zu fassen (Bauer). Alphabeat.

26.07.22

Abend wird es wieder. Rüder Feind im Feld ■

25.07.22

---

yesterday oh I believe in yesterday (Beatles) monotonie in der südsee melancholie bei 30° C (Ideal) dadadiobobobi (Selbst)

24.07.22

---

christopheryesterdaystreet
lgbtq/re*gen'bo'gen
dadadiobobobi

23.07.22

Regnose ist auch Abwendung von dystopischen Prognosen, die Angst machen. Die Vorstellung einer zukunftsorientierten Rewelt regnostiziert Möglichkeitsräume. Sich in eine gelungene Zukunft zu versetzen

regeneriert er nicht. Erst im neuen Gebrauch bewusster Ausrichtung gelingt ihm Generationenrelaisleben. Bieten sich ihm im ökologischen Zeitalter von Artensterben en gros – seine eigene Art eingeschlossen – Chancen, im neuen Gebrauch schóne Allgemeinheit mitzugestalten?

22.07.22

Pass't

23.07.22

Regnose ist auch Abwendung von dystopischen Prognosen, die Angst machen. Die Vorstellung einer zukunftsorientierten Rewelt regnostiziert Möglichkeitsräume. Sich in eine gelungene Zukunft zu versetzen konzentriert Re darauf, zurückzuschauen, wie er diese erreicht hat und refreut ihn, der* zu sein, die* Re dann ist. Immer schon – Reisépass't.

24.07.22

---

christopheryesterdaystreet
lgbtq/re*gen'bo'gen
dadadiobobobi

25.07.22

---

yesterday oh I believe in yesterday

konzentriert Re darauf, zurückzu-
schauen, wie er diese erreicht hat
und refreut ihn, der* zu sein, die* Re
dann ist. Immer schon – Reisépass't.

22.07.22

Pass't

21.07.22

*heimweh das in die kindheit scheint
ist der vorhof auf dem die sterblichkeit
in der höhle tiefe schrein* (Selbst). Es
gibt für Re einen melancholischen
Referenzpunkt, der nicht auf All-
gemeinheit aus ist. Trocknen ihm
Neuronen aus? Sterben ihm Arten
der Spiegelung ab? Stopp. Badet er im
alten Gebrauch der Allgemeinheit,
regeneriert er nicht. Erst im neuen
Gebrauch bewusster Ausrichtung
gelingt ihm Generationenrelaisle-
ben. Bieten sich ihm im ökologischen
Zeitalter von Artensterben en gros –
seine eigene Art eingeschlossen –
Chancen, im neuen Gebrauch schóne
Allgemeinheit mitzugestalten?

19.07.22

Welcher Gedankenfluss schwillt mit
Empathieverdruss, Komfortzonen-
bashing, Lebensalteranästhesie,
Mediendissoziation, Zeitgeistangst

(Beatles) monotonie in der südsee
melancholie bei 30° C (Ideal) dada-
diobobobi (Selbst)

26.07.22

Abend wird es wieder. Rüder Feind
im Feld ■

27.07.22

*Mitternacht. Was hier vermutlich
aber auch noch deutlich gemacht
werden muss, ist die Verwendung des
Wertebegriffes. Entgegen weit verbrei-
teter – und vor allem im politischen
Diskurs gebräuchlicher – Hypostasie-
rung, die dazu neigt, Werte zu Gegen-
ständen der Produktion (z. B. Bildung)
oder zu Zielgrößen einer Strategie
(Ausrichtung) zu machen – liegt es
in der Intention dieser Abhandlung,
die Ausrichtung selbst als Wert (der
Kommunikation, der Gesellschaft, der
Handlung, der Beobachtung) zu fassen*
(Bauer). Alphabeat.

28.07.22

Ausrichtung des Selbst selbst im
Morgen'grauen als Wert der Kom-
munikation, der Beobachtung, der
Gesellschaft, der Handlung, der
Freiheit; denn im Alltag durch-
kreuzt Re verschiedene Medien von

an und nimmt jeden Kraftstrom deprimierend in sich auf? Ja, es gab immer wieder Zeiten, sich anzuschließen. Aber – *Ausgesetzt auf den Bergen des Herzens. Siehe, wie klein dort, siehe: die letzte Ortschaft der Worte, und höher, aber wie klein auch, noch ein letztes Gehöft von Gefühl. Erkennst du's?* (Rilke) – d'ort, wo die Poetik des Ambientes so dünn wird und digitalisierte Hauchwissenschaft ihren finalen Ausatem algorithmisiert; dort, wo all das in Hyperhypoausschlüsse zu münden droht und die Arroganz des Begriffs Re am Narzissteich irr'igiert – welche Wasser spiegeln ihn?

17.07.22

Angstlustlebensangstlust? Was für eine Angst, was für eine Lust? Das sind Résfragen – darüber zu reden, wie wir leben wollen und zunehmend, ob wir leben wollen.

16.07.22

Die Politik rennt, brennt, himmelschreiend. Spiritualität – die nicht in die Rewelt führt und Alltag cisformiert – ist ihm ein Irrweg. Zunehmend verspielt eine curriculare Funktion verblödend den cartesianischen Impuls, erstens den Mut,

Zeichen und Buchstaben bis Wörter und Sätze, die sich in Texte, Performationen verwandeln und in Texte, Sätze, Wörter, Buchstaben, Zeichen zurückkehren – dancing the alphabeat.

29.07.22

Re re'zitiert im Morgengrauen selbst Selbst:
von der pflicht zur kür
durch die immanenz berührt
singularität. (Selbst)
5'7'5 Silbenart dreizeilensmart;
Ménsch möchte schön wissen,
worum Tintenfassmónsch ringt.

30.07.22

Religio – die geistige Fixierung auf etwas, woraus das Handeln und das Denken in gewisse Richtungen gezwungen wird – sensibilisiert die Empfindung für eine dogmatische Pietät, die ein vollkommenes Aufgehen im Absoluten, eine rückhaltlose Verbindung mit dem Allerhöchsten erzwingt; ansonsten ist das Konzept Metaphysik gnadenlos gescheitert. Landet Re jetzt selbst als gefallener Engel in der Antisphäre, die aktuelle Propagandisten als lgbtq/ re*gen'bo'gen verfluchen? Die Form der Freiheit in der Abstraktion –

am Zeitgeist ontologisch fortlaufend zu zweifeln und zweitens, diszipliniert zu sitzen liegen stehen gehen. Gegeben sei – Cisformation. Die euphemistische, hegemoniale und omnipräsente Rede von Transformation erscheint ihm mehr und mehr propagandistisch von géStern. Alternativlos ist hier keine*r: Cis'Frau und Cis'Mann – ein interner Kommunikationsprozess in Rés primärem Dual – Willkommen heißen heißt beglückende Vermählung. Epoché der Schónheit.

15.07.22

Res Altersrente ist ein Réjà-vu. Das Glas; das Glas ist halb voll – Opti'mist. Die Angst vor Monster, Chimäre, Cyborg, Cis und Antisphäre richtet die Zivilisation – aus. Gegeben sei das Glas, nicht halb voll, nicht halb leer, Glas glasgesamt, Gesamtglas, Öllampe, Licht, Schónheit – allesamt unbeugsam, zeitfrei kompromisslos?

14.07.22

Archaisch. Magisch. Mythisch. Mental. Intersektional. Heute brennen ihm die Augen den ganzen Tag. Augen oder Mund schließen – Mystik. *Feminismus, Inspek-*

die stille Musiké (Cage), die farbige Linié (Mondrian), die monochrome Fláché (Malewitsch), das plastisch Socialé (Beuys), das Kollktivsinguläré – stillt Res dadadiobobobi Alphabéat in KonI<retio.

31.07.22

Auch der von Joseph Beuys geprägte Ausdruck der ›sozialen Plastik‹ erweist sich als eine nützliche Anregung – man dürfte ihn jedoch nicht mehr für von Künstlern arrangierte Situationen reservieren, sondern müßte ihn auf den gesamten Raum beziehen, in dem Wohlstandsvorteile distribuiert, Wünsche ausgearbeitet, Subjektivitäten differenziert und immunitäre Allianzen entfaltet werden. So gesehen ist die Erste-Weltweite Installation ›Wohlstandsgesellschaft‹ de facto eine soziale Plastik, die von ihren Teilnehmern mitmodelliert wird. (Sloterdijk) Die erste weltweite Installation Wohlstandsgesellschaft sozial managen, in der Wohlstandsvorteile distribuiert, Wünsche ausgearbeitet, Subjektivitäten differenziert und immunitäre Allianzen entfaltet werden – Regnose?

01.08.22

Re leistet sich eine zarte Empirie,

tion der Herrenkultur (Pusch) fordert Post'mystifikation, das heißt, frei sein, um die inter'sektionale Sprache zu besitzen, die Re* braucht.

13.07.22

Seine Augen brennen heute am Morgen. Ichfunktionär*in, Selbstakteur*in, Regestalter*in. Autokratie, Demokratie, Mediokratie, Medium, Bot*in. Die Bot*in ist nicht die Botschaft. Identitätspolitiken, was denn sonst – Richtung Freiheit! *Selbsterkenntnis verhindern. Das heißt Versklavung.* (Fichte)

12.07.22

Tief hat die Arroganz des Begriffs Re im Griff.

Er reflektiert diszipliniert Subjekt, Projekt, Objekt, Katjekt, Abjekt und gendert aus der Y-Perspektive. *Ich kann nicht fliegen, ich wäre froh, wenn ich es könnte, aber ich kann es nun einmal nicht.* (Sokrates) Und überhaupt Daimonion, Seele – wer antwortet denn da? Spiegelt er sich nicht nur wider'spenstig in Koketterien? Seine Füße brennen am Morgen und die Augen am Abend. Freiheit ist kein Ziel, sondern ist und bleibt Richtung für ihn – der Gebrauch des Selbst.

die sich mit dem Gegenstand innigst identisch macht und er kontert die Arroganz des Begriffs. *In dieser quasi kybernetischen Fassung des einen vom andern wird es nicht verwundern, dass man das Forderungsprofil theoretisch umstellen kann oder vielleicht sogar muss: die Werte-Ideologie der Medien, besser: des Mediengebrauchs zur Mediologie von Werten, besser: des Wertegebrauchs. Das setzt klarerweise voraus, dass Werte nicht von Medien abhängen und nicht durch sie definiert werden, sondern die Ausrichtung (der Gebrauch) von Werten im Kontext einer im Modus von Medien (des Gebrauchs von Medien) verhandelten Gesellschaft eine logische Positionierung erfahren, die sie in einer Wissens-, Industrie- oder Agrargesellschaft so nicht hätten.* (Bauer)

02.08.22

Wenn die Seinsweise des Selbst menschlich (zu denken, zu messen, zu werten) ist, dann ist Menschlickkeit das Charakteristikum von Selbst. Der Wert des Selbstseins ist menschlich, wie es der Wert des Menschseins ist, selbst (Selbst) zu sein. Dieser existenzlogisch-hermeneutisch erhobene Gedanke ist an sich selbstverständlich. (Bauer). So richtet Re jetzt selbst'verständlich Mit aus – Mitlaufendes, Unbestimmtes, Menschliches.

11.07.22

Res Selbst'disziplin ist eine Form der bewussten Selbst'regulierung.

08.07.22

Seinen modern'den Körper erlebt Re weitausgreifend wechselhaft, dauerhaft einengend, end/ich alltäg/ich.

07.07.22

Durch den Sch/itz zeigt Re Gesicht, Ant/itz. Ist Schónheit in Resonanz, spricht Schönheit im Ant/itz und Ant/itz mit Schönheit Vitalität an.

06.07.22

Im Medium Selbst verhandelt er selbst – Res publica. *Wenn er wüßt, wo das ist, ging er in die Welt hinein* (Comedian Harmonists) – aggredere & recht freund/ich sein. Er fragt sich, ob es hinreicht, mit notwendiger Freude und Lebendigkeit das geistige Feuer am Brennen zu halten? Re-Evaluation.

05.07.22

Re-Lektüre. Simplicissimus. Langhans I. Étant donnés oder Gegeben sei die Öllampe in eine Frauen

03.08.22

Umgangssprachlich wird große Hitze von alters her auch Hundstage genannt – in konI<reto jetzt selbsthautfleischmarkverbrennungsmarker.

04.08.22

KonI<retio. Habitus. Gesamtpersönlichkeit.

05.08.22

Gestern Morgen erwachte Re von einem lauten Knall. Auf dem Polizei-Sprengplatz im Grunewald explodierten Feuerwerkskörper und weit gefährlichere Sprengsätze. Seitdem brennt es auf über eineinhalb Hektar Waldgebiet; die Stadtautobahn Avus sowie die S-Bahnstrecke Richtung Potsdam sind gesperrt. Ander/es lautes Nachdenken auf dem Spaziergang durch den Tiergarten am Morgen:
„Tja, die Rückkehr der Elementé ..."
Welches Fass zersplittert flúchtig?
Rock-bottom-attitude (Erikson) –
Res Polioimmunisierung?

06.08.22

Weil Leistung im Wettbewerb allein

Hand. Dada. *Es war eine Verpflichtung zur Vernunft, zu einem Sinn für Schönheit – diese Dinge sind unbeugsam, kompromisslos und jeder Versuch, sie zu unterdrücken, muss zwangsläufig Widerstand hervorrufen.* (Ai Weiwei) Schönheit.

04.07.22

Re schmerzt, dass ihn die Arroganz des Begriffs tief getroffen hat. Es ist traurig für ihn, dass ein Wort im Großen und Ganzen nicht W'Ort hält, wo Zukünfte geteilt und Aktionen geplant werden, wo Gestalt noch Cisformation kollaborieren kann. Könnte man die Black Box Universum für einen Augenblick lichtdurchfluten, säße auf jedem Sternenhaufen ein Hahn, der auf seinem Misthaufen ‚Universum' kräht. Er schmunzelt über einen Witz, der in esoterischen Kreisen kursiert, in sich hinein. *Es kommt eine Galaxie aus Äonentiefen auf die Milchstraße zugeflogen; und da aufgrund ihrer Geschwindigkeit nur wenig Zeit bleibt zu grüßen, ruft sie schon weit vor ihrem Vorbeiflug „Wie geht's?" Die Milchstraße – noch in sich gekehrt und mit sich selbst beschäftigt – vermag nicht so schnell zu antworten und ruft der kosmisch Uraltbekannten gerade noch verständlich hinterher:*

nicht trägt, verbleibt Re gern gemeinschaft/ich in Solidarität.

In dieser quasi kybernetischen Fassung des einen vom andern wird es nicht verwundern, dass man das Forderungsprofil theoretisch umstellen kann oder vielleicht muss.

07.08.22

Kybernetik ist die Wissenschaft der Steuerung. Primärkontrolle wird gebraucht. Der Gebrauch Selfisteuerung ist ‚weg von' dem Gebrauchs-, Tausch-, Warenwert ‚hin zu' Wertsteuerung.

Auf einer theoretischen Ebene bedeutet dies also – insbesondere mit Blick auf den Bildungskontext –, die ethischmoralische Charaktervorstellung als ein intrinsisches Momentum des Beobachtens und Handelns zu verstehen, nicht als eine von außen einzubringende oder eingebrachte Wertung.

08.08.22

Er* ist wieder erstaunt – wie Welt s'ich baut.
You'll never walk alone – Kanzler Scholz.
Würde Re Würde würdig würfeln?
www.wuerfel.n

„Nicht so gut; ich habe Homo sapiens!"
Die vorbeischießende Galaxie, fast
schon wieder in den Weiten des Univer-
sums verschwunden, ruft nun ihrer-
seits, gerade noch für die Milchstraße
vernehmbar: „Mach dir nichts draus,
das geht vorbei!" Res Schmunzeln
vertieft sich ins Melancholische. *O*
Mensch! Gib acht! Was spricht die tiefe
Mitternacht? Ich schlief, ich schlief –,
Aus tiefem Traum bin ich erwacht:
Die Welt ist tief, Und tiefer als der Tag
gedacht. Tief ist ihr Weh –, Lust – tie-
fer noch als Herzeleid: Weh spricht:
Vergeh! Doch alle Lust will Ewigkeit
–, – will tiefe, tiefe Ewigkeit! (Nietz-
sche) Er verspürt Verlustschmerz,
den unwiederbringlichen Verlust
abendländischen Privilegs: Äonen-
tiefes Obdach. Mokuso.

03.07.22

Was ist modern Geistiges – ist es
ambivalent, antagonistisch, binär
hyperaktiv? Ist es in seiner Viru-
lenz vor allem nur noch hegemo-
nial, so dass gar keine Chancen auf
Selbst'ständigkeit mehr aufgerufen
werden können, weil die Moderne
Autonomie durch eine bigotte Imma-
nenz, genannt Transformation, ein
übers andere Mal alternativlos fra-
met? Ist modern nur noch ein Surro-
gat für geistig? Muss Transformation

09.08.22

Die Vergesellschaftung der Se-
xualität, die Psychiatrisierung des
Alltags, die Ökonomisierung des
Sozialen, die Politisierung der Ge-
sundheit, die Mediatisierung des
Geistigen – der Gebrauch des Selbst,
der hoch vonnöten ist, dass Re das
Trump'elvieh nicht frisst.

10.08.22

Re stellt sich eine ethischmoralische
Bildung als intrinsisches Momen-
tum des Beobachtens und Handelns
vor; im Unterschied zu einer durch
Außen einzubringenden oder ein-
gebrachten Wertung. So re'bewer-
tet er das Reich kantiger Zwecke
neu; wo alles seinen Preis hat, oder
eine Würde. Und übrigens: *Ein di-*
cker Sack – den Bauer Bolte, Der ihn
zur Mühle tragen wollte, Um auszu-
ruhn mal hingestellt Dicht an ein rei-
fes Ährenfeld, – Legt sich in würdevolle
Falten Und fängt 'ne Rede an zu halten.
(Busch) – da hört er's rauschen äh-
renwert im Wertefeld ...

11.08.22

Geliebt wirst du einzig, wo schwach
du dich zeigen darfst, ohne Stärke zu
provozieren. (Adorno) Re deutet um –

desillusioniert und cisformiert werden? Druckst das okzidentale Jahrhundert am Morgen vor dem Tag herum?

02.07.22

Welche geistige Drehung weckt Re den Morgen?

01.07.22

Re fährt den Abend auf altem Rad. Es dauert, bis er in geistiger Bewegung ankommt.

liebe starkes Handeln ohne beobachtete Schwäche, Ander/e auszubeuten.

12.08.22

Zwei altneue Möglichkeiten re'öffnen sích:
Müssen wirk/ích lassen und weg ist és.
Re'epochébewusstes accent aigu – sié.
Resié.

TEIL VIER

13. August 2022
bis 18. September 2022

Die große Bühne macht kleinlaut,
setzt auf Schrein;
Die kleine Bühne mault laut, setzt
auf schrein;
gemeinsam ist beiden,
was in die Kindheit scheint –
anhäng/ich sein,
spiegeltrinken,
ökologisch sein,
artenaussterben.

Operndorf –
So schön wie hier
kanns im Himmel
gar nicht sein!
Resié trauert

Wesentlich re'scheint die narzisstische Wunde; Persönlichkeit & Weltwahrnehmung ins'gesamt. Gleichursprüngliche Cis'erfahrung
Selbst'verbrennung
Selbst'verleugnung
Selbst'vergiftung
weil –
das drängt ins
Dreieck, Gral, Grüner Hügel, Monismus, Letzte, rein geistig leben
unter'm Himmel über Berlin ...

Die-Medien-vereinnahmen-die-Massenspiele – naive Kommunikationslogiken? *Kinder im Alter von etwa dreieinhalb Jahren sind naive Realisten. ... Mit dem Einsetzen einer Theory of Mind im vierten Lebensjahr ändert sich das. Kinder fangen an zu verstehen, daß ihre Bewußtseinsinhalte das Ergebnis von Denkvorgängen und Wahrnehmungsakten sind. Das naiv für wahr Gehaltene relativiert sich dadurch zur Meinung, zur Ansicht. Diese kann die Wahrheit treffen oder verfehlen, man kann sich täuschen.* (Bischof-Köhler) Die ARD, das ZDF und der öffentlich-rechtliche Wertegebrauch – Pro ...? Die Massen selbst vereinnahmen und absorbieren die Medien – Netflix, Idiōtēs, és ...? Immer schon. Schónheit!

RBB-Intendantin gefeuert. *Während sich beim zentrifugalen Wahrnehmungsverständnis des jüngeren Kindes die Blicke aller auf dem Objekt vereinigen, dieses also ‚öffentlich' ist, gehen nun viele Pfeile zentripetal vom Objekt zu den verschiedenen Betrachtern und erzeugen in deren Erlebnisinnenräumen subjektive Eindrücke, die von Individuum zu Individuum variieren*

Heimweh –
das in die Kindheit scheint
ist der Vorhof
auf dem die Sterblichkeit
in der Höhle Tiefe
Schrein

15.09.22

Wer, als eine*r selbst, muss, kann, darf és lassen.
Selbstakteure müssen, können, dürfen és lassen.

14.09.22

Der Gebrauch des Selbst. *Daher hat Horappollon in der Ägyptologie seinen schlechten Ruf. Er hat die ägyptischen Schriftzeichen im Sinne der Etymographie als Symbole beschrieben, deren Bedeutung sich allein aus dem Bildsinn des Dargestellten und nicht aus dem Bezug auf Sprachlaute ergibt. Er hat die etymographische Methode verabsolutiert und damit denselben Unsinn angerichtet, auf den eine Verabsolutierung der etymologischen Methode herausläuft, die etwa wie in Jakob Böhmes Sprachmystik jedes einzelne Sprachzeichen als motiviert auffasst und ausdeutet.* (Assmann) Resié heult. Mok'uso.

können. *(Bischof-Köhler)* Resié liest die ‚gefeuert'-Information in der City West auf dem Morgenspaziergang in der Berliner Zeitung am Savignyplatz. Mediengebrauch – wer befeuert wann wen wo wie für was?

19.08.22

Im Café Einstein am Georg-Grosz-Platz bei Cappuccino, Marzipancroissant und einem Gastbeitrag im TAGESSPIEGEL: *Kniefall vor dem starken Mann – Wie bei einer Vergewaltigung ist das, was die Neue Rechte motiviert, nicht Liebe, sondern Herrschaft über das Objekt.* (Žižek)

21.08.22

Mensch-ärgere-dich-nicht Spiele im Altenheim oder Mama setzt die Püppchen nicht mehr selbst, sie würfelt nur noch …

22.08.22

Schwankungen, die auf der Horizontalen – hoch und runter, eng und weit, spitz und gewölbt, schnell und langsam, bewegt und stehend – kommen und gehen, unterscheiden sich von Umstülpung, die auf der Vertikalen – tiefer als der Tag gedacht – den Punkt berührt, der die

13.09.22

Wesentlich erscheint Resié Mokuso, dass die narzisstische Wunde, die als solche immer die Gesamtheit anthropozentrischer *Persönlichkeit & Weltwahrnehmung* betrifft, gleich-ursprünglich die Erfahrung *c-i-s* ist, der liebés-fähige-Mensch ist, die Erde-ist-schón ist, das és-immer-schon ist. Uso – Gewohnheit.

12.09.22

Zwielichtträume.   Morgensteife. Gliederschwere. Rentenstatus. Lie-bés/eben. *Aber diese Liebe hat eben mit dem anderen, dem Vernünftigen und Wahren und Wirklichen* (Dath) *für Resié viel zu tun.*

11.09.22

Mokuso. Spiegelschmerz ein's. Die Letzten werden die ... s'ein; ach, Schmerztiegel ein'*SS*'ein – Siede-wort Mystik.

10.09.22

Mokusotage – in Bildern denken *O Superman* (Anderson) You. *Black Star* (Bowie) Tube. Weg. Richtung. Eine Sache von sich aus genommen heißt sinnan, sinnen, besinnen.

Gleichursprünglichkeit aufsteigen-den Freiheitssingulars mit absin-kender Solidaritätsexpontentialität belebt – keine Angst vor In'Dividua-tion.

23.08.22

Resié versteht einen Tritostil kon-kret als Zerkleinern von Sätzen, und wie die daraus gewonnenen Schnipsel Collagen hochpo'etisch/itisch ausrichten:
*Der Beamte sagte Sie hatten
einen Haufen Glück
ich fragte wollen Sie mit
meinem Leben tauschen Er
sagte das Wort Haufen
nehm ICH zurück ich sagte
viel mehr stört mich das Wort
Glück*
(H. Müller)

24.08.22

Menschen sind mindestens zwei Mal traumatisiert. Sie sind geboren und werden sterben. Traumatisiert zu sein heißt, dass Menschen eine Bewusstheit von diesen beiden exis-tenziellen Ereignissen, Übergängen haben können, müssen, dürfen. Mensch sein ist die Ausrichtung der Bewusstheit, end/ich Mensch zu sein.

Die Augen, die Ohren verschließen (griech. *myein*); Geruch von innen ist Gefasstheit zum Ekel – Fuck.

09.09.22

Spiegelzeltwelt. Spiegelzelt. Spiegelwelt. Spielewelt Bettwurst – wer hat das Buch geschrieben? Weltspiegel. Rätselwelt. Rewelt.

08.09.22

Braucht Resié den Kanon? Wie weit, wie lang?

Immer schon – Koexistenz? Denkstopp ist nicht nötig; immer schón – um der Handlungsfähigkeit willen – Gedanken durchfließen, analog der Aktivität Affekte abfließen zu lassen. Hat die Erfahrung – seinen eigenen Gefühlen oder den Sinnen nicht mehr zu trauen – erst einmal einen neuronalen Platz markiert, ist ein beuys'scher Postkartenspruch – wer nicht denken will, fliegt raus – allgegenwärtig; und der praun'heim'sche Fickpunkt – wenn der Schwanz steht, ist der Verstand im Arsch – erschlafft: Wenn der Schwanz im Arsch ist, steht der Verstand schmiere – Re'petition.

25.08.22

Die Nächte, der Tag – Dissoziationen senden Warnsignale aus. Das darf sein – Warnung; um nicht hineinzufallen, hinabzustürzen in den morgendämmernden Bewusstheitsspalt.

26.08.22

Amygdalaanalyse und die Koketterie mit der Angst oder *haste mal 'nen Éuro für mich?*

27.08.22

So wie es aussieht, hat sich in dieser rasanten evolutionären Entwicklung des Menschen eine Art Spalt aufgetan, der zwar nicht groß genug war, eben diese Entwicklung zu stoppen oder wesentlich zu beeinflussen, aber doch heute offen zu Tage tritt und für das Leben des Menschen ein echtes Problem darstellen kann: Wir haben dank unseres gewaltigen Gehirns gelernt, denkend in unsere Selbstwahrnehmung einzugreifen, und mit unserem fantastischen neuen Großhirn in Aufgaben unseres Kleinhirns, des motorischen und sensorischen Zentrums, einzugreifen. (Niederstadt)

I<

Aufgehen, um *weg* zu sein. Zugehen, um *da* zu sein; Resié kräuselts die Stirn. *Der Einzige und sein Eigentum* (Stirner) als Musical am Deutschen Theater. Neues Spiel. Neues Glück. Andere Stimmen werden die Frage aufwerfen, ob dieser verschwenderische Luxus sein muss, wenn Menschen mit wenig Geld an der Heizung sparen müssen und Politiker die Bürger etwas gouvernantenhaft ermahnen, nicht warm zu duschen. Soweit die Rahmenbedingungen der kommenden Spielzeit. (Laudenbach)

Spiel Luxus Eigenheim

Die Kunst bestünde darin, in Evidenz zu halten und auszudrücken, daß das Privateigentum einem nicht mehr gehört, in dem Sinn, daß die Fülle der Konsumgüter potentiell so groß geworden ist, daß kein Individuum mehr das Recht hat, an das Prinzip ihrer Beschränkung sich zu klammern; daß man aber dennoch Eigentum haben muß, wenn man nicht in jene Abhängigkeit und Not geraten will, die dem blinden Fortbestand des Besitzverhältnisses zugute kommt. Aber die Thesis dieser Paradoxie führt zur Destruktion, einer lieblosen Nichtachtung für die Dinge, die notwendig auch gegen die Menschen sich kehrt, und die Antithesis ist schon in dem Augenblick, in

Es ist dieses Versagen der ›selbstverständlichen Schuldigkeit‹, von der hier gesprochen wird, die radikale Infragestellung der Unbefangenheit zu leben, ... letztlich die Schuldigkeit des Lebens selbst, den Alltag ganz normal leben und bewältigen zu können, jene Schuldigkeit, die eine Schuldigkeit des Körperlichen ist, das das Leben trägt, es ermöglicht und dem Menschen bei seiner Tätigkeit jene Gelassenheit und Selbstverständlichkeit zu existieren verleiht, über die eben nicht viel Worte zu verlieren sind. (Meyendorf)

Umstülpung nicht Spaltung

Stehen, sitzen, liegen, stehen, gehen – steht. *Und hörst du auf die Warnung nicht, die so beredt die Leiter spricht. Und bist du doch zu tun bereit, was nicht sein darf in Raum und Zeit, so kann ich dich nicht halten, willkommen denn beim Alten.* (Ende) Weil, wenn der Schwanz im Arsch ist, der Verstand Schmiere steht ...

... jetzt erinnert Resié einen Traum aus längst vergangenen Studienjahren: *ein großes, weitläufiges haus. alle türen und fenster standen weit auf. es waren sehr viele leute da. alle*

dem man sie ausspricht, eine Ideologie für die, welche mit schlechtem Gewissen das Ihre behalten wollen. Es gibt kein richtiges Leben im Falschen. (Adorno)

Zuschauer I< Schauer

Filmre'vival *Die Bettwurst* (Praunheim) heute ein Musical als Voraufführung in der Bar jeder Vernunft, Spiegelzeltwelt zu gegen

06.09.22

Wie viel Gelassenheit ist nötig, um nicht aufzugehen, nicht wegzugehen, weg gehen? Stehen, sitzen, liegen, stehen, gehen

05.09.22

Das Wort schonen ist von schön abgeleitet. Das Schonen gilt dem Schönen. Die Erde ist schön. (Han)
Schónheit

04.09.22

Im Gegensatz zum Handeln, das vorwärtsdrängt, bringt Besinnung uns dorthin zurück, wo wir immer schon sind. Sie erschließt uns ein Da-Sein, das jedem Tun, jedem Handeln vorausgeht, ja vorauseilt. Der Besinnung wohnt eine Dimension der Untätigkeit inne. Sie überlässt sich dem, was ist

geschwister und weniger wichtige menschen. ich kam gerade angereist. mutt war gestorben. es wurde getrauert in diesem haus, obwohl nirgends in der warmen sommerluft, die durch's haus wehte und die sonnenstrahlen, die es intensiv erhellten, etwas von tod zu spüren war. mir war innerlich alles schwer. ich rannte kopflos von einem zimmer zum anderen, aber mutt tauchte im traum keinmal auf. es war nur das reine wissen, daß gestorben sei. meine geschwister schüttelten verständnislos den kopf über meine innere raserei, und ich hatte das gefühl, daß sie steine dort trugen, wo mein herz mir momentan vor gram zu bersten drohte. mein ganzer körper war eine träne und schwappte durch das so helle, fast feierliche, freude ausstrahlende haus. die helligkeit, die gelassenheit der anderen versammelten (ich kann mich an drei von meinen vielen schwestern – die jüngste, die älteste und die ein jahr vor mir geborene – erinnern, obwohl sie alle da gewesen sein mußten. aber ich sah ihre gesichter nicht direkt, ich wußte nur, daß alle da waren.) stand im direkten widerspruch zu der tiefe meiner trauer. mutt war gestorben und ich lebte. die inneren schmerzen trieben mich. ich fand keine ruhe. der traum hat keine geschichte. es war nur die empfindung dieses schmerzes und die absolute gewißheit, daß mutt tod

(Han) Ident'ifikation. *Identifikationen*
unmöglich machen. (Lamarcas Lei-
che nach der Folter sezieren). Selbst-
erkenntnis verhindern. Das heißt
Versklavung. (Fichte) Resié re'zitiert
immer schón éutonisch éxoterisch.
Re'ifikation ist mani'feste Spuren-
suche. *Das Denken ist immer schon*
gestimmt, das heißt einer Stimmung
ausgesetzt, die es grundiert. (Han)
Viel fehlt immer – Etant donnés

03.09.22

Im Prinzip morgendämmer/ichtés
H'offen. Resiés ist *er* – ist auch *sie*
ist, ist auch *es* ist – ist *és*, das, an die
Hand genommen, *das Seine ohne Ent-*
äußerung und Entfremdung in realer
Demokratie begründet, so entsteht in
der Welt etwas, das allen in die Kind-
heit scheint und worin noch niemand
war: Heimat. (Bloch) Resié re'flek-
tiert im matriziellen Sprachraum
die Kunst, anzufangen. (Schröder)

01.09.22

Sexuéll, spirituéll, virtuéll – Virtus'
Ellé.
   Wenn és aufgeht, ist es weg. Und
hörst du auf die Warnung nicht, die
so beredt die Leiter spricht ... Resié
scheut, és vor der Zeit aufgehen zu
lassen, weil, nicht bis ins Letzte ...

ist – alté war gestorben und ich er-
wachte. End/ich

30.08.22

Wer weiß, wie és weitergeht?
Wer és weiß, geht weiter!
End/ich ist auch ein weiter

01.09.22

Sexuéll, spirituéll, virtuéll – Virtus'
Ellé.
   Wenn és aufgeht, ist es weg. Und
hörst du auf die Warnung nicht, die
so beredt die Leiter spricht ... Resié
scheut, és vor der Zeit aufgehen zu
lassen, weil, nicht bis ins Letzte ...
und dann? Viel fehlt immer. Weg ist
weg und fehlt dann. Resié ahnt um
s'ich. Weg voran.
   Re'ifikation – Gaías Élle. *Die tan-*
zende Göttin. (Göttner-Abendroth)

03.09.22

Im Prinzip morgendämmer/ichtés
H'offen. Resiés ist *er* – ist auch *sie* ist,
ist auch *es* ist – ist *és*, das, an die Hand
genommen, *das Seine ohne Entäuße-*
rung und Entfremdung in realer De-
mokratie begründet, so entsteht in der
Welt etwas, das allen in die Kindheit
scheint und worin noch niemand war:
Heimat. (Bloch) Resié re'flektiert im

und dann? Viel fehlt immer. Weg ist weg und fehlt dann. Resié ahnt um s'ich. Weg voran.

Re'ifikation – Gaías Élle. *Die tanzende Göttin.* (Göttner-Abendroth)

30.08.22

Wer weiß, wie és weitergeht?
Wer és weiß, geht weiter!
End/ich ist auch ein weiter

29.08.22

... jetzt erinnert Resié einen Traum aus längst vergangenen Studienjahren: *ein großes, weitläufiges haus. alle türen und fenster standen weit auf. es waren sehr viele leute da. alle geschwister und weniger wichtige menschen. ich kam gerade angereist. mutt war gestorben. es wurde getrauert in diesem haus, obwohl nirgends in der warmen sommerluft, die durch's haus wehte und die sonnenstrahlen, die es intensiv erhellten, etwas von tod zu spüren war. mir war innerlich alles schwer. ich rannte kopflos von einem zimmer zum anderen, aber mutt tauchte im traum keinmal auf. es war nur das reine wissen, daß gestorben sei. meine geschwister schüttelten verständnislos den kopf über meine innere raserei, und ich hatte das gefühl, daß sie steine dort trugen, wo mein herz mir*

matriziellen Sprachraum *die Kunst, anzufangen.* (Schröder)

04.09.22

Im Gegensatz zum Handeln, das vorwärtsdrängt, bringt Besinnung uns dorthin zurück, wo wir immer schon sind. Sie erschließt uns ein Da-Sein, das jedem Tun, jedem Handeln vorausgeht, ja vorauseilt. Der Besinnung wohnt eine Dimension der Untätigkeit inne. Sie überlässt sich dem, was ist (Han) Ident'ifikation. *Identifikationen unmöglich machen. (Lamarcas Leiche nach der Folter sezieren). Selbsterkenntnis verhindern. Das heißt Versklavung.* (Fichte) Resié re'zitiert immer schón éutonisch éxoterisch. Re'ifikation ist mani'feste Spurensuche. *Das Denken ist immer schon gestimmt, das heißt einer Stimmung ausgesetzt, die es grundiert.* (Han)

Viel fehlt immer – Etant donnés

05.09.22

Das Wort schonen ist von schön abgeleitet. Das Schonen gilt dem Schönen. Die Erde ist schön. (Han)
Schónheit

06.09.22

Wie viel Gelassenheit ist nötig, um

momentan vor gram zu bersten drohte. mein ganzer körper war eine träne und schwappte durch das so helle, fast feierliche, freude ausstrahlende haus. die helligkeit, die gelassenheit der anderen versammelten (ich kann mich an drei von meinen vielen schwestern – die jüngste, die älteste und die ein jahr vor mir geborene – erinnern, obwohl sie alle da gewesen sein mußten. aber ich sah ihre gesichter nicht direkt, ich wußte nur, daß alle da waren.) stand im direkten widerspruch zu der tiefe meiner trauer. mutt war gestorben und ich lebte. die inneren schmerzen trieben mich. ich fand keine ruhe. der traum hat keine geschichte. es war nur die empfindung dieses schmerzes und die absolute gewißheit, daß mutt tod ist – alté war gestorben und ich erwachte. End/ich

 # 28.08.22

Stehen, sitzen, liegen, stehen, gehen – steht. *Und hörst du auf die Warnung nicht, die so beredt die Leiter spricht. Und bist du doch zu tun bereit, was nicht sein darf in Raum und Zeit, so kann ich dich nicht halten, willkommen denn beim Alten. (Ende) Weil, wenn der Schwanz im Arsch ist, der Verstand Schmiere steht ...*

nicht aufzugehen, nicht wegzugehen, weg gehen? Stehen, sitzen, liegen, stehen, gehen

 # 07.09.22

Aufgehen, um *weg* zu sein. Zugehen, um *da* zu sein; Resié kräuselts die Stirn. *Der Einzige und sein Eigentum* (Stirner) als Musical am Deutschen Theater. Neues Spiel. Neues Glück. *Andere Stimmen werden die Frage aufwerfen, ob dieser verschwenderische Luxus sein muss, wenn Menschen mit wenig Geld an der Heizung sparen müssen und Politiker die Bürger etwas gouvernantenhaft ermahnen, nicht warm zu duschen. Soweit die Rahmenbedingungen der kommenden Spielzeit. (Laudenbach)*

S p i e l   L u x u s   E i g e n h e i m

Die Kunst bestünde darin, in Evidenz zu halten und auszudrücken, daß das Privateigentum einem nicht mehr gehört, in dem Sinn, daß die Fülle der Konsumgüter potentiell so groß geworden ist, daß kein Individuum mehr das Recht hat, an das Prinzip ihrer Beschränkung sich zu klammern; daß man aber dennoch Eigentum haben muß, wenn man nicht in jene Abhängigkeit und Not geraten will, die dem blinden Fortbestand des Besitzverhältnisses zugute kommt. Aber die Thesis dieser Paradoxie führt zur Destruktion, einer

27.08.22

So wie es aussieht, hat sich in dieser rasanten evolutionären Entwicklung des Menschen eine Art Spalt aufgetan, der zwar nicht groß genug war, eben diese Entwicklung zu stoppen oder wesentlich zu beeinflussen, aber doch heute offen zu Tage tritt und für das Leben des Menschen ein echtes Problem darstellen kann: Wir haben dank unseres gewaltigen Gehirns gelernt, denkend in unsere Selbstwahrnehmung einzugreifen, und mit unserem fantastischen neuen Großhirn in Aufgaben unseres Kleinhirns, des motorischen und sensorischen Zentrums, einzugreifen. (Niederstadt)

I<

Es ist dieses Versagen der ›selbstverständlichen Schuldigkeit‹, von der hier gesprochen wird, die radikale Infragestellung der Unbefangenheit zu leben, ... letztlich die Schuldigkeit des Lebens selbst, den Alltag ganz normal leben und bewältigen zu können, jene Schuldigkeit, die eine Schuldigkeit des Körperlichen ist, das das Leben trägt, es ermöglicht und dem Menschen bei seiner Tätigkeit jene Gelassenheit und Selbstverständlichkeit zu existieren verleiht, über die eben nicht viel Worte zu verlieren sind. (Meyendorf)
Umstülpung nicht Spaltung

lieblosen Nichtachtung für die Dinge, die notwendig auch gegen die Menschen sich kehrt, und die Antithesis ist schon in dem Augenblick, in dem man sie ausspricht, eine Ideologie für die, welche mit schlechtem Gewissen das Ihre behalten wollen. Es gibt kein richtiges Leben im Falschen. (Adorno)
Zuschauer I< Schauer
Filmre'vival *Die Bettwurst* (Praunheim) heute ein Musical als Voraufführung in der Bar jeder Vernunft, Spiegelzeltwelt zu gegen

08.09.22

Braucht Resié den Kanon? Wie weit, wie lang?

Immer schon – Koexistenz? Denkstopp ist nicht nötig; immer schön – um der Handlungsfähigkeit willen – Gedanken durchfließen, analog der Aktivität Affekte abfließen zu lassen. Hat die Erfahrung – seinen eigenen Gefühlen oder den Sinnen nicht mehr zu trauen – erst einmal einen neuronalen Platz markiert, ist ein beuys'scher Postkartenspruch – wer nicht denken will, fliegt raus – allgegenwärtig; und der praun'heim'sche Fickpunkt – wenn der Schwanz steht, ist der Verstand im Arsch – erschlafft: Wenn der Schwanz im Arsch ist, steht der Verstand schmiere – Re'petition.

Amygdalaanalyse und die Koketterie mit der Angst oder *haste mal 'nen Éuro für mich?*

Die Nächte, der Tag – Dissoziationen senden Warnsignale aus. Das darf sein – Warnung; um nicht hineinzufallen, hinabzustürzen in den morgendämmernden Bewusstheitsspalt.

Menschen sind mindestens zwei Mal traumatisiert. Sie sind geboren und werden sterben. Traumatisiert zu sein heißt, dass Menschen eine Bewusstheit von diesen beiden existenziellen Ereignissen, Übergängen haben können, müssen, dürfen. Mensch sein ist die Ausrichtung der Bewusstheit, end/ich Mensch zu sein.

Resié versteht einen Tritostil konkret als Zerkleinern von Sätzen, und wie die daraus gewonnenen Schnipsel Collagen hochpo'etisch/itisch ausrichten:

Spiegelzeltwelt. Spiegelzelt. Spiegelwelt. Spielewelt Bettwurst – wer hat das Buch geschrieben? Weltspiegel. Rätselwelt. Rewelt.

Mokusotage – in Bildern denken *O Superman* (Anderson) You. *Black Star* (Bowie) Tube. Weg. Richtung. Eine Sache von sich aus genommen heißt sinnan, sinnen, besinnen. Die Augen, die Ohren verschließen (griech. *myein*); Geruch von innen ist Gefasstheit zum Ekel – Fuck.

Mokuso. Spiegelschmerz ein's. Die Letzten werden die ... s'ein; ach, Schmerztiegel ein'*SS*'ein – Siedewort Mystik.

Zwielichtträume. Morgensteife. Gliederschwere. Rentenstatus. Liebés/eben. *Aber diese Liebe hat eben mit dem anderen, dem Vernünftigen und Wahren und Wirklichen* (Dath) für Resié viel zu tun.

Der Beamte sagte Sie hatten
einen Haufen Glück
ich fragte wollen Sie mit
meinem Leben tauschen Er
sagte das Wort Haufen
nehm ICH zurück ich sagte
viel mehr stört mich das Wort
Glück
(H. Müller)

22.08.22

Schwankungen, die auf der Horizontalen – hoch und runter, eng und weit, spitz und gewölbt, schnell und langsam, bewegt und stehend – kommen und gehen, unterscheiden sich von Umstülpung, die auf der Vertikalen – tiefer als der Tag gedacht – den Punkt berührt, der die Gleichursprünglichkeit aufsteigenden Freiheitssingulars mit absinkender Solidaritätsexpontentialität belebt – keine Angst vor In'Dividuation.

21.08.22

Mensch-ärgere-dich-nicht Spiele im Altenheim oder Mama setzt die Püppchen nicht mehr selbst, sie würfelt nur noch ...

13.09.22

Wesentlich erscheint Resié Mokuso, dass die narzisstische Wunde, die als solche immer die Gesamtheit anthropozentrischer *Persönlichkeit & Weltwahrnehmung* betrifft, gleichursprünglich die Erfahrung *c-i-s* ist, der liebés-fähige-Mensch ist, die Erde-ist-schón ist, das és-immer-schon ist. Uso – Gewohnheit.

14.09.22

Der Gebrauch des Selbst. *Daher hat Horappollon in der Ägyptologie seinen schlechten Ruf. Er hat die ägyptischen Schriftzeichen im Sinne der Etymographie als Symbole beschrieben, deren Bedeutung sich allein aus dem Bildsinn des Dargestellten und nicht aus dem Bezug auf Sprachlaute ergibt. Er hat die etymographische Methode verabsolutiert und damit denselben Unsinn angerichtet, auf den eine Verabsolutierung der etymologischen Methode herausläuft, die etwa wie in Jakob Böhmes Sprachmystik jedes einzelne Sprachzeichen als motiviert auffasst und ausdeutet.* (Assmann) Resié heult. Mok'uso.

Im Café Einstein am Georg-Grosz-Platz bei Cappuccino, Marzipan-croissant und einem Gastbeitrag im TAGESSPIEGEL: *Kniefall vor dem starken Mann – Wie bei einer Verge-waltigung ist das, was die Neue Rechte motiviert, nicht Liebe, sondern Herr-schaft über das Objekt.* (Žižek)

15.08.22

RBB-Intendantin gefeuert. *Während sich beim zentrifugalen Wahrneh-mungsverständnis des jüngeren Kindes die Blicke aller auf dem Objekt vereini-gen, dieses also ,öffentlich' ist, gehen nun viele Pfeile zentripetal vom Ob-jekt zu den verschiedenen Betrachtern und erzeugen in deren Erlebnisinnen-räumen subjektive Eindrücke, die von Individuum zu Individuum variieren können.* (Bischof-Köhler) Resié liest die ,gefeuert'-Information in der City West auf dem Morgenspazier-gang in der Berliner Zeitung am Sa-vignyplatz. Mediengebrauch – wer befeuert wann wen wo wie für was?

13.08.22

Die-Medien-vereinnahmen-die-Massenspiele – naive Kommuni-kationslogiken? *Kinder im Alter von*

15.09.22

Wer, als eine*r selbst, muss, kann, darf és lassen.

Selbstakteure müssen, können, dürfen és lassen.

16.09.22

Wesentlich re'scheint die narzissti-sche Wunde; Persönlichkeit & Weltwahrnehmung ins'gesamt. Gleichursprüngliche Cis'erfahrung Selbst'verbrennung Selbst'verleugnung Selbst'vergiftung weil – das drängt ins Dreieck, Gral, Grüner Hügel, Mo-nismus, Letzte, rein geistig leben unter'm Himmel über Berlin ... Heimweh – das in die Kindheit scheint ist der Vorhof auf dem die Sterblichkeit in der Höhle Tiefe Schrein

17.09.22

Operndorf –
So schön wie hier
kanns im Himmel
gar nicht sein!
Resié trauert

etwa dreieinhalb Jahren sind naive Realisten. ... Mit dem Einsetzen einer Theory of Mind im vierten Lebensjahr ändert sich das. Kinder fangen an zu verstehen, daß ihre Bewußtseinsinhalte das Ergebnis von Denkvorgängen und Wahrnehmungsakten sind. Das naiv für wahr Gehaltene relativiert sich dadurch zur Meinung, zur Ansicht. Diese kann die Wahrheit treffen oder verfehlen, man kann sich täuschen. (Bischof-Köhler) Die ARD, das ZDF und der öffentlich-rechtliche Wertegebrauch – Pro ...? Die Massen selbst vereinnahmen und absorbieren die Medien – Netflix, Idiōtēs, és ...? Immer schon. Schónheit!

18.09.22

Die große Bühne macht kleinlaut,
setzt auf Schrein;
Die kleine Bühne mault laut, setzt
auf schrein;
gemeinsam ist beiden,
was in die Kindheit scheint –
anhäng/ich sein,
spiegeltrinken,
ökologisch sein,
artenaussterben.

TEIL FÜNF
19. September 2022
bis 18. November 2022

18.11.22

E-Mail-Einladung zu einem halbstündigen Kennenlerngespräch für einen cislationalen Beratungsauftrag Willkommenszentrum Berlin Potsdamer Straße 65 am #xx.xx.xx

17.11.22

Auto-Operative-Krümmung AOK geht auf fällt ab

16.11.22

Homö-o-pathie, Homö-o-saluté gehen auf, fallen ab, schleichen aus

15.11.22

Wie die ontologische Unterscheidung zwischen SeeleBewusstseinGeist SGB 5.0 und Körper stets Beziehungen der politischen und psychischen Unterordnung und Hierarchie stützt, so stürzt Resié in den Zweifel, Zweifelschmerz. Die Unterscheidung zwischen ontologische Unterscheidung und was abfällt, ist eine Unterscheidung, die für Resié eine Unterscheidung macht und als Bewusstheit dableibt. Re'Sié räumt auf; Lebensthema fällt auf und ab. Trost ist nicht nötig.

19.09.22

Im Spiegelzelttrockeneisrauch fällt das Recht auf Rausch ab.

21.09.22

Ursprungsgegenwärtige Schónheitszeichen: *Alkohol zu trinken, seit sich die Zeichen zeigen, in der neuesten Zeit.* (Dath) lassen

22.09.22

Bruder Lethé Menetekel räkelt im Orakel – selbst'verdichtendes haSSen ▮ lassen

24.09.22

Vorsprung Vorsilbe Vorleben Vorhof Vorhaut Nachbeben Nachname Nachruf Nachspiel Nachwort

25.09.22

Was aufgeht, ist weg, was abfällt, ist da, end/ich, dada da. *Da musste ich daran denken, dass ich bei der Vorbereitung für den ›Parsifal‹ in Bayreuth bei einer Szene in das Textbuch ›Erinnern heißt vergessen‹ geschrieben habe. Das heißt, dass jede Erinnerung eine Übermalung des Ereignisses ist und je nach Übermalung eben auch*

14.11.22

In der philosophischen Tradition, die mit Platon beginnt und sich mit Descartes, Husserl und Sartre fortsetzt, hat die ontologische Unterscheidung zwischen Seele (Bewußtsein, Geist) und Körper stets Beziehungen der politischen und psychischen Unterordnung und Hierarchie gestützt. Der Geist hat den Körper nicht nur unterworfen; bisweilen nährt er auch das Phantasma, seiner Verleiblichung insgesamt entfliehen zu können. (Butler) fällt ab bleibt da

08.11.22

Männerphantasien (Theweleit) und cis'art fallen Resié jetzt mal wieder knallhart auf ...

07.11.22

Nun aber bleibt Glaube, Hoffnung, Liebe – diese drei; aber die Liebe ist die größte unter ihnen (Bibel) – ach; es ist, was es ist, sagt die Klugheit.

06.11.22

Was aufgeht, ist weg; was abfällt, ist da. Im Zweifel für den Schmerz. Sisyphos als Glücksrosa fällt cisseits ab ...

viel vergessen wird. *Fragt sich, wann und wie ich die Übermalung meiner eigenen Guillotine in Angriff nehmen kann.* (Schlingensief)

26.09.22

Wenn és aufgeht, ist es weg – Beatrice! Da, siehe Guillotine, Zeichen neuer Zeit – Beatrice!! Dada dio bobo bio – Guillotine, Beatrice!!!

27.09.22

Zwillingsschwester Musé orakelt zugäng/ich Mnemosyneschnipsel: Das Wort *Glück*

28.09.22

Resiés schnippfäh/ige Mokusotage mit morgenjämmerlich zwielichtigen Erinnerungen, Gelenkschmerzen, Körperschwere, Morgensteife –selbstentzünd/ich, end/ich, ...

29.09.22

Drei existenziell narzisstische Zustände in der aktuell westgesellschaftlichen Synthesis drängeln mental nach vorne. Erstens den eigenen Gefühlen einheit/ich miss'trauen, zweitens, die eigenen Sinne wirk/ich miss'deuten und

03.11.22

Engel und Frösche retten die Welt/Acryl- Lackmalstifte auf Leinwand/105 x75/2022 (Rosa von Praunheim) Ausstellung vom 12.11.--1.12 *Nackte Männer - Nackte Tiere* (Galerie Mond) Bleibtreustraße, was abfällt, ist da auf den Spaziergängen durch den Berliner Tiergarten ...

02.11.22

para'homo/primär'kontrolle/ sek'tiere

01.11.22

meine schmerzen/zu metrisieren/ übersteigt den begriff/der skala (Göttner-Abendroth)

31.10.22

Affekte abfließen lassen versorgt Handlungsfähigkeit mit kollaborativer Regnose. Souveränität ist, Empörungswellen in sich auslaufen lassen können, wie Autorität ein Akt der Phantasie ist. *Man muss nicht souverän sein, um moralisch zu handeln, vielmehr muss man seine Souveränität einbüßen, um menschlich zu werden.* (Butler) Kollaborative Regnose lässt Affekte abfallen. Liebe

drittens, *die eigene Reflexionsfunktion ehr/ich miss'verstehen. Das Selbst als mentaler Akteur aber - ... - war seit jeher ein Stiefkind der Forschung. Man könnte diese psychologische und psychoanalytische Vernachlässigung der Entwicklungsprozesse, die dem ›Selbst als Akteur‹ zugrunde liegen, als Überbleibsel der traditionell ungemein einflußreichen cartesianischen Doktrin der ›Autorität der Ersten Person‹ verstehen. ... Die Reflexionsfunktion taucht nicht als generalisierte Fähigkeit auf, sondern ist eine spezifische Fertigkeit und als solche an die Aufgabe und an den Bereich gebunden, in deren Kontext sie erlernt wurde – das heißt, in einer spezifischen Beziehungskategorie.* (Fonagy) Resié re'flektiert wie Gene't dem WEStEN den Sinkefinger zeigt; smart're bläst und west/östlich schäumt auf – selbst'vergessen? *Die Entwicklung der Reflexionsfunktion, an Aufgabe und den Bereich gebunden, in deren Kontext sie erlernt wurde, verläuft von der Fraktionierung zur Integration, das heißt zur Konstruktion spezifischer Koordinierungen zwischen zuvor getrennten Fertigkeiten.* (Fonagy) Entwicklung der Reflexionsfunktion Begehren verläuft für Resié auch ins Genetgepränge: *Nein, nicht mit einem anderen Jungen, sondern mit zweihundert! Was erzählen sie denn!*

und Autorität ermöglichen menschlich soziale Entwicklung. Meditationen – im Zweifel für den Schmerz. Weniger Zweifel als Schmerz, der zwischen Funktionalität *forever* und Organismus *never* heller als tausend Sonnen brennt.

30.10.22

Außergewöhnlich milde und sonnige Spätsommertage; Geburtsort und Kindheitsjahre in Warburg Westfalen. In der Balintgruppe kündigt Resié die Verabschiedung zum Dezembertreffen an. Resié und der Älteste aus einer Geschwisterreihe sitzen Stunden in dessen Wohnung auf dem Balkon, um das mittelalterliche Hansastadt-Panorama der Unteren Mauer mit Blick auf die Neustadtkirche wirken zu lassen. Es geht dem Ältesten nicht gut. Er hat die Mauerstadt in seinem Leben, zu dessen Geburtstag Resié gefahren ist, nicht verabschieden können. Auf der Rückfahrt im Zug nach Berlin fühlt Resié Ernüchterung, den ältesten Bruder und seine zwei ältesten Söhne gespürt zu haben. Entlastung wird spürbarer, denn die Konfrontation mit dem Ältesten-Siechtum – Phantasmaorgie –, widerspiegelt nur noch einen ungelebten Alltag, Abwehr der Gefräßigkeit

30.09.22

„Anders gesagt, entscheidet der Zufall (was für ein seltsamer Satz!) darüber, was in die Sammlung gelangt, und der Zufall entscheidet, wie es verwendet wird. (Man stelle sich eine Sozial-Wissenschaft vor, die sich nicht nur zu diesem Prinzip bekennt, sondern damit arbeitet!) Dies scheint mir eine aufschlussreiche Charakterisierung des Notizbuchs eines Feldforschers zu sein. Doch ich möchte noch eine weitere Eigenschaft hinzufügen, die die Magie der magischen Enzyklopädie ausmacht, nämlich die Art und Weise, wie das Notizbuch eigentlich eine Erweiterung des Selbst ist, wenn nicht sogar mehr Selbst als man selbst, wie ein ganz neues Organ neben dem Herz und Hirn, um nur die sinnträchtigsten Organe unseres inneren Selbst zu nennen." (Taussig) Resié im ›SELBST in Nöten‹, das heißt, Bewusstheit, dass ICH put oxines SELBST auslösen kann.

01.10.22

Der König spricht: ›Ich dacht es eben!/ Trifft doch das Höchste das uns gegeben/Ein allzu garstiger Schmitz darneben./Es können die Eblis die uns hassen/Vollkommenes nicht vollkommen lassen.‹ (Goethe) Resié wider-

toxíscher Routinen. Die Phantasma-orgien ziehen den Ältesten in infernalische Traumaregíonen, die das Zustandekommen seines Siechens durch Saufen forcierten und jetzt albern beängstigende Projektionen der Vergangenheit des einstigen Postjungboten darstellen; vernarbte Fehler, Narzissmen und Wunden selbsthasssträchtig entzündend. Resié spürt dieses starke Bedürfnis, geschwisterlich vergangene Tage, Mutterkuchen abfallen zu lassen. Und dieses Bedürfnis verbindet sich mit Begehren, die Ander/e-Dekade zu leben; Besuche, Fachtagungen, Supervisionen, Rentenjahre, einfach Alltag gestalten. Was noch Vor ■ sätze?

28.10.22

Sekte. Sektierer. Sektieren. Sek'Tiere. Primär'kontrolle.

22.10.22

Zu schwer, zu langsam, zu spät meditiert Resié. *Jetzt aber (nachdem ich bemerkt habe, was vermieden und getan werden muß, um die Wahrheit zu erlangen) scheint mir nichts vordringlicher zu sein, als zu versuchen, mich aus den Zweifeln wieder herauszuarbeiten, in die ich in den vorangegan-*

fährt ein west-östliches Déjà-vu im Akronym Iesus CHristus ICH. Von der Pflicht zur Kür/Durch die Immanenz. Berührt/Singularität ■ . Da – die cartesianische Doktrin der Autorität der Ersten Person. Góthe, das heißt – poetisierte Eblisentwicklungsprozesse, die den Fetischcharakter des ICH in neuer Zeit hinterrücks ins Hassen setzten verstehen – ansteht kollaborativ neueste Zeit?

02.10.22

Das Wort Glück stört – Gehirndrahtbürstenfrisiermanie. Dada dio nagt. Dichtung, Wissenschaft und Religion gleichursprünglich aus neuer Zeit – Autorität der Ersten Person – haben Resié leib/ich versiegelt; bobo bio ursprungsgegenwärtig in neuester Zeit tarototo tara die Karten liegen offen da:

> Man muss
> frei sein, um
> die Sprache
> zu besitzen,
> die man
> braucht.

genen Tagen hineingeraten bin, und nachzusehen, ob sich in bezug auf die materiellen Dinge irgendetwas Sicheres gewinnen läßt. ... Diese Dinge sind mir aber nicht nur so im allgemeinen betrachtet völlig bekannt und durchschaut, sondern wenn ich sie berücksichtige, erfasse ich darüber hinaus auch unzählige Besonderheiten über die Gestalten, über die (An-)Zahl, über die Bewegung und dergleichen, deren Wahrheit derartig offenkundig ist und meiner Natur entspricht, daß ich, während ich sie das erste Mal aufdecke, weniger etwas Neues hinzuzulernen als mich vielmehr dessen zu besinnen scheine, was ich zuvor bereits wußte, bzw. zum ersten Mal etwas zu beachten scheine, was zwar schon längst in mir war, freilich ohne daß ich vorher den Blick des Geistes auf es gerichtet hätte. (Descartes)

Cis ■ trans gehören wahr'schein/ ich dazu, klar; Wissenschaft gehört mit höchster Wahrscheinlichkeit dazu, klar; wahr ■ schein, weniger Gebrauch des Neuesten, als vielmehr, was Resié zuvor bereits Selbst wusste – Resié kollaboriert René!

21.10.22

Klar, Murks gehört dazu – *Science matters!* (Betsch)

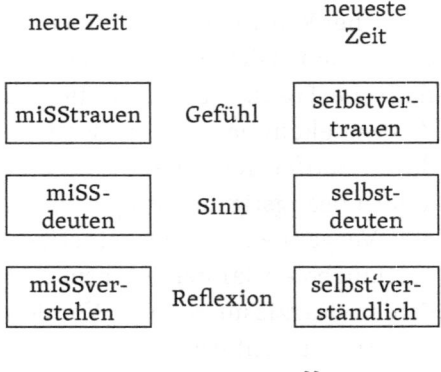

neue Zeit		neueste Zeit
miSStrauen	Gefühl	selbstver-trauen
miSS-deuten	Sinn	selbst-deuten
miSSver-stehen	Reflexion	selbst'ver-ständlich

03.10.22

Selbst'verständlich organismisch versklavt in neuester Zeit – tarototo parahomo.

04.10.22

Homo Data. *Eine kritische Überprüfung des dataistischen Dogmas ist vermutlich nicht nur die größte wissenschaftliche Herausforderung des 21. Jahrhunderts, sondern auch das drängendste politische und ökonomische Projekt.* (Harari) Was abfällt, ist data.

05.10.22

Resié findet sich durch Nervengift; giftet selbst s'ich An (A). Die bisherigen Beziehungsromanzen (B) fallen von neuer Zeit jedoch nicht freiwillig ab: B<A. A muss gleichursprünglich freien Fall in neuester Zeit in

 # 20.10.22

Klar, Marx konnte weder eine Soziologie noch Psychologie entlassen, da er Ökonomie betrieb – Fetischcharakter der Ware. Weit, lang, liegen, Schulterblätter, Schmetterling – Fetischcharakter des ICH und neuester Gebrauch des Selbst.

 # 19.10.22

Das Intime ist politisch – wirk/ich?

 # 17.10.22

Mentalisierte Affektivität bildet selbst'verständlich Resiés Meinung heraus, Herzklopfen im Gebrauch des Selbst – *ein über intellektuelles Verstehen hinausgehendes, auf gelebter Erfahrung beruhendes Verstehen der eigenen Gefühle. Es ist hilfreich, die traditionelle Klassifikation der Bindungsmuster in diesem Kontext neu zu interpretieren, und zwar unter dem Aspekt einer relativ guten (mit der sicheren Bindung assoziierten) oder relativ unzulänglichen (mit der unsicheren Bindung assoziierten) Fähigkeit, intime interpersonale Beziehungen zu entwickeln und aufrechtzuerhalten. Eine Desorganisation des Bindungssystems läßt darauf schließen, daß die Mentalisierungs-*

eine Beziehungskategorie übertragen, die unhintergehbar größer ist: B>A. Die neueste Entwicklung der Reflexionsfunktion unterläuft ursprungsgegenwärtig die neue Zeit, Religion & Ordnung, Wissenschaft & Macht, Liebe & Sexualität. Welch abgestilltem A vertraut B frei weg? Das Gegenteil von Hass ist nicht Liebe, das Gegenteil von Hass ist Freiheit.

 # 06.10.22

Mokusotage schleichen sich. Zeit ist Geld fällt ab; Zeit vor Geld. Freizeit fällt ab; was abfällt, ist da – Zeitfreiheit. Resié, Re, Ich, Selbst, Intimität leben; lang, weit, frei, freudig ausschleichen, abfallen, lassen – Mokuso.

 # 07.10.22

Zwischen figuralen Ichblasen surft Resié mal mehr mal weniger in socialmedia'art auf der Livestream-Webseite-Welle Chaturbate von A.

 # 08.10.22

Die Primärkontrolle im neuesten Gebrauch des Selbst merkt Resié antagonistisch am Kontrollverlust bei gewohntem Gebrauch des

fähigkeit unter Streß versagen wird.
(Fonagy)

16.10.22

Liebe & Sexualität bejahrt Massen-
aussterben.

10.10.22

Jetzt bloß keine intimen Impera-
tive klickt Resié medial afféziert
selbst'diszipliniert an.

09.10.22

Resié kollaboriert die neueste Zeit
intim im primären Dual & prima
Parahomé medial.

08.10.22

Die Primärkontrolle im neuesten
Gebrauch des Selbst merkt Resié
antagonistisch am Kontrollver-
lust bei gewohntem Gebrauch des
Selbst. Ein empfänglichés Ner-
vengeflecht in der Entwicklung
des Selbst ent'deckt dabei auch
den atavistischen Orga(ni)smus.
Selbstkontrolle ent'täuscht körper/
ich zwanghaft; und Mentalisierung
reflektiert primär hinlänglich und
weiterreichend para homo pääbo
phobobibél. *Die ganze christliche Ent-*
Selbst. Ein empfänglichés Ner-
vengeflecht in der Entwicklung
des Selbst ent'deckt dabei auch
den atavistischen Orga(ni)smus.
Selbstkontrolle ent'täuscht körper/
ich zwanghaft; und Mentalisierung
reflektiert primär hinlänglich und
weiterreichend para homo pääbo
phobobibél. *Die ganze christliche Ent-*
wicklung hat sich nicht in den Kirchen
abgespielt, sondern im Wissenschafts-
begriff. (Beuys) Religion & Ordnung,
Wissenschaft & Macht, Prima't. *Der*
Angriff der Gendiktatoren aus Kapital,
Politik und Wissenschaft richtet sich
auf die Ware aller Waren: den mensch-
lichen Körper, die menschliche Zelle.
(Ditfurth) Vor Allem und zuerst das
Begehren, wie Gene't dem WEStEN
heimleuchtet – die dazugehörige
Liebe wird sich schón einstellen.

09.10.22

Resié kollaboriert die neueste Zeit
intim im primären Dual & prima
Parahomé medial.

10.10.22

Jetzt bloß keine intimen Impera-
tive klickt Resié medial afféziert
selbst'diszipliniert an.

wicklung hat sich nicht in den Kirchen abgespielt, sondern im Wissenschafts-begriff. (Beuys) Religion & Ordnung, Wissenschaft & Macht, Prima't. *Der Angriff der Gendiktatoren aus Kapital, Politik und Wissenschaft richtet sich auf die Ware aller Waren: den mensch-lichen Körper, die menschliche Zelle.* (Ditfurth) Vor Allem und zuerst das Begehren, wie Gene't dem WEStEN heimleuchtet – die dazugehörige Liebe wird sich schón einstellen.

07.10.22

Zwischen figuralen Ichblasen surft Resié mal mehr mal weniger in so-cialmedia'art auf der Livestream-Webseite-Welle Chaturbate von A.

06.10.22

Mokusotage schleichen sich. Zeit ist Geld fällt ab; Zeit vor Geld. Freizeit fällt ab; was abfällt, ist da – Zeitfrei-heit. Resié, Re, Ich, Selbst, Intimität leben; lang, weit, frei, freudig aus-schleichen, abfallen, lassen – Mo-kuso.

05.10.22

Resié findet sich durch Nervengift; giftet selbst s'ich An (A). Die bisheri-gen Beziehungsromanzen (B) fallen

16.10.22

Liebe & Sexualität bejahrt Massen-aussterben.

17.10.22

Mentalisierte Affektivität bildet selbst'verständlich Resiés Meinung heraus, Herzklopfen im Gebrauch des Selbst – *ein über intellektuelles Verstehen hinausgehendes, auf geleb-ter Erfahrung beruhendes Verstehen der eigenen Gefühle. Es ist hilfreich, die traditionelle Klassifikation der Bindungsmuster in diesem Kontext neu zu interpretieren, und zwar unter dem Aspekt einer relativ guten (mit der sicheren Bindung assoziierten) oder re-lativ unzulänglichen (mit der unsiche-ren Bindung assoziierten) Fähigkeit, intime interpersonale Beziehungen zu entwickeln und aufrechtzuerhalten. Eine Desorganisation des Bindungs-systems läßt darauf schließen, daß die Mentalisierungsfähigkeit unter Streß versagen wird.* (Fonagy)

19.10.22

Das Intime ist politisch – wirk/ich?

20.10.22

Klar, Marx konnte weder eine Sovon neuer Zeit jedoch nicht freiwillig ab: B<A. A muss gleichursprünglich freien Fall in neuester Zeit in eine Beziehungskategorie übertragen, die unhintergehbar größer ist: B>A. Die neueste Entwicklung der Reflexionsfunktion unterläuft ursprungsgegenwärtig die neue Zeit, Religion & Ordnung, Wissenschaft & Macht, Liebe & Sexualität. Welch abgestilltem A vertraut B frei weg? Das Gegenteil von Hass ist nicht Liebe, das Gegenteil von Hass ist Freiheit.

04.10.22

Homo Data. *Eine kritische Überprüfung des dataistischen Dogmas ist vermutlich nicht nur die größte wissenschaftliche Herausforderung des 21. Jahrhunderts, sondern auch das drängendste politische und ökonomische Projekt.* (Harari) Was abfällt, ist data.

03.10.22

Selbst'verständlich organismisch versklavt in neuester Zeit – tarototo parahomo.

02.10.22

Das Wort Glück stört – Gehirndraht-

ziologie noch Psychologie entlassen, da er Ökonomie betrieb – Fetischcharakter der Ware. Weit, lang, liegen, Schulterblätter, Schmetterling – Fetischcharakter des ICH und neuester Gebrauch des Selbst.

21.10.22

Klar, Murks gehört dazu – *Science matters!* (Betsch)

22.10.22

Zu schwer, zu langsam, zu spät meditiert Resié. *Jetzt aber (nachdem ich bemerkt habe, was vermieden und getan werden muß, um die Wahrheit zu erlangen) scheint mir nichts vordringlicher zu sein, als zu versuchen, mich aus den Zweifeln wieder herauszuarbeiten, in die ich in den vorangegangenen Tagen hineingeraten bin, und nachzusehen, ob sich in bezug auf die materiellen Dinge irgendetwas Sicheres gewinnen läßt. ... Diese Dinge sind mir aber nicht nur so im allgemeinen betrachtet völlig bekannt und durchschaut, sondern wenn ich sie berücksichtige, erfasse ich darüber hinaus auch unzählige Besonderheiten über die Gestalten, über die (An-)Zahl, über die Bewegung und dergleichen, deren Wahrheit derartig offenkundig ist und meiner Natur entspricht, daß ich,*

bürstenfrisiermanie. Dada dio nagt. Dichtung, Wissenschaft und Religion gleichursprünglich aus neuer Zeit – Autorität der Ersten Person – haben Resié leib/ich versiegelt; bobo bio ursprungsgegenwärtig in neuester Zeit tarototo tara die Karten liegen offen da:

> Man muss
> frei sein, um
> die Sprache
> zu besitzen,
> die man
> braucht.

neue Zeit		neueste Zeit
miSStrauen	Gefühl	selbstver-trauen
miSS-deuten	Sinn	selbst-deuten
miSSver-stehen	Reflexion	selbst'ver-ständlich

01.10.22

Der König spricht: ›Ich dacht es eben!/ Trifft doch das Höchste das uns gegeben/Ein allzu garstiger Schmitz darneben./Es können die Eblis die uns hassen/Vollkommenes nicht vollkom-

während ich sie das erste Mal aufdecke, weniger etwas Neues hinzuzulernen, als mich vielmehr dessen zu besinnen scheine, was ich zuvor bereits wußte, bzw. zum ersten Mal etwas zu beachten scheine, was zwar schon längst in mir war, freilich ohne daß ich vorher den Blick des Geistes auf es gerichtet hätte. (Descartes)

Cis ■ trans gehören wahr'schein/ ich dazu, klar; Wissenschaft gehört mit höchster Wahrscheinlichkeit dazu, klar; wahr ■ schein, weniger Gebrauch des Neuesten, als vielmehr, was Resié zuvor bereits Selbst wusste – Resié kollaboriert René!

28.10.22

Sekte. Sektierer. Sektieren. Sek'Tiere. Primär'kontrolle.

30.10.22

Außergewöhnlich milde und sonnige Spätsommertage; Geburtsort und Kindheitsjahre in Warburg Westfalen. In der Balintgruppe kündigt Resié die Verabschiedung zum Dezembertreffen an. Resié und der Älteste aus einer Geschwisterreihe sitzen Stunden in dessen Wohnung auf dem Balkon, um das mittelalterliche Hansastadt-Panorama der Unteren Mauer mit Blick auf die Neumen lassen.‹ (Goethe) Resié widerfährt ein west-östliches Déjà-vu im Akronym Iesus CHristus ICH. Von der Pflicht zur Kür/Durch die Immanenz. Berührt/Singularität ■. Da – die cartesianische Doktrin der Autorität der Ersten Person. Góthe, das heißt – poetisierte Eblisentwicklungsprozesse, die den Fetischcharakter des ICH in neuer Zeit hinterrücks ins Hassen setzten verstehen – ansteht kollaborativ neueste Zeit?

30.09.22

„Anders gesagt, entscheidet der Zufall (was für ein seltsamer Satz!) darüber, was in die Sammlung gelangt, und der Zufall entscheidet, wie es verwendet wird. (Man stelle sich eine Sozial-Wissenschaft vor, die sich nicht nur zu diesem Prinzip bekennt, sondern damit arbeitet!) Dies scheint mir eine aufschlussreiche Charakterisierung des Notizbuchs eines Feldforschers zu sein. Doch ich möchte noch eine weitere Eigenschaft hinzufügen, die die Magie der magischen Enzyklopädie ausmacht, nämlich die Art und Weise, wie das Notizbuch eigentlich eine Erweiterung des Selbst ist, wenn nicht sogar mehr Selbst als man selbst, wie ein ganz neues Organ neben dem Herz und Hirn, um nur die sinnträchtigsten Organe unseres inne-

stadtkirche wirken zu lassen. Es geht dem Ältesten nicht gut. Er hat die Mauerstadt in seinem Leben, zu dessen Geburtstag Resié gefahren ist, nicht verabschieden können. Auf der Rückfahrt im Zug nach Berlin fühlt Resié Ernüchterung, den ältesten Bruder und seine zwei ältesten Söhne gespürt zu haben. Entlastung wird spürbarer, denn die Konfrontation mit dem Ältesten-Siechtum – Phantasmaorgie –, widerspiegelt nur noch einen ungelebten Alltag, Abwehr der Gefräßigkeit toxíscher Routinen. Die Phantasmaorgien ziehen den Ältesten in infernalische Traumaregíonen, die das Zustandekommen seines Siechens durch Saufen forcierten und jetzt albern beängstigende Projektionen der Vergangenheit des einstigen Postjungboten darstellen; vernarbte Fehler, Narzissmen und Wunden selbsthassträchtig entzündend. Resié spürt dieses starke Bedürfnis, geschwisterlich vergangene Tage, Mutterkuchen abfallen zu lassen. Und dieses Bedürfnis verbindet sich mit Begehren, die Ander/e-Dekade zu leben; Besuche, Fachtagungen, Supervisionen, Rentenjahre, einfach Alltag gestalten. Was noch Vor ■ sätze?

ren Selbst zu nennen." (Taussig) Resié im ›SELBST in Nöten‹, das heißt, Bewusstheit, dass ICH putoxines SELBST auslösen kann.

29.09.22

Drei existenziell narzisstische Zustände in der aktuell westgesellschaftlichen Synthesis drängeln mental nach vorne. Erstens den eigenen Gefühlen einheit/ich miss'trauen, zweitens, die eigenen Sinne wirk/ich miss'deuten und drittens, die eigene Reflexionsfunktion ehr/ich miss'verstehen. *Das Selbst als mentaler Akteur aber – ... – war seit jeher ein Stiefkind der Forschung. Man könnte diese psychologische und psychoanalytische Vernachlässigung der Entwicklungsprozesse, die dem ›Selbst als Akteur‹ zugrunde liegen, als Überbleibsel der traditionell ungemein einflußreichen cartesianischen Doktrin der ›Autorität der Ersten Person‹ verstehen. ... Die Reflexionsfunktion taucht nicht als generalisierte Fähigkeit auf, sondern ist eine spezifische Fertigkeit und als solche an die Aufgabe und an den Bereich gebunden, in deren Kontext sie erlernt wurde – das heißt, in einer spezifischen Beziehungskategorie.* (Fonagy) Resié re'flektiert wie Gene't dem WEStEN den Sinkefinger zeigt; smart're bläst

31.10.22

Affekte abfließen lassen versorgt Handlungsfähigkeit mit kollaborativer Regnose. Souveränität ist, Empörungswellen in sich auslaufen lassen können, wie Autorität ein Akt der Phantasie ist. *Man muss nicht souverän sein, um moralisch zu handeln, vielmehr muss man seine Souveränität einbüßen, um menschlich zu werden.* (Butler) Kollaborative Regnose lässt Affekte abfallen. Liebe und Autorität ermöglichen menschlich soziale Entwicklung. Meditationen – im Zweifel für den Schmerz. Weniger Zweifel als Schmerz, der zwischen Funktionalität *forever* und Organismus *never* heller als tausend Sonnen brennt.

01.11.22

meine schmerzen/zu metrisieren/ übersteigt den begriff/der skala (Göttner-Abendroth)

02.11.22

para'homo/primär'kontrolle/ sek'tiere

03.11.22

Engel und Frösche retten die Welt/

und west/östlich schäumt auf – selbst'vergessen? *Die Entwicklung der Reflexionsfunktion, an Aufgabe und den Bereich gebunden, in deren Kontext sie erlernt wurde, verläuft von der Fraktionierung zur Integration, das heißt zur Konstruktion spezifischer Koordinierungen zwischen zuvor getrennten Fertigkeiten.* (Fonagy) Entwicklung der Reflexionsfunktion Begehren verläuft für Resié auch ins Genetgepränge: *Nein, nicht mit einem anderen Jungen, sondern mit zweihundert! Was erzählen sie denn!*

28.09.22

Resiés schnippfäh/ige Mokusotage mit morgenjämmerlich zwielichtigen Erinnerungen, Gelenkschmerzen, Körperschwere, Morgensteife –selbstentzünd/ich, end/ich, ...

27.09.22

Zwillingsschwester Musé orakelt zugäng/ich Mnemosyneschnipsel: Das Wort *Glück*

26.09.22

Wenn és aufgeht, ist es weg – Beatrice! Da, siehe Guillotine, Zeichen neuer Zeit – Beatrice!! Dada dio bobo bio – Guillotine, Beatrice!!!

Acryl- *Lackmalstifte auf Leinwand/105x75* (Rosa von Praunheim) Ausstellung vom 12.11.–11.12 *Nackte Männer - Nackte Tiere* (Galerie Mond) Bleibtreustraße, was abfällt, ist da auf den Spaziergängen durch den Berliner Tiergarten ...

06.11.22

Was aufgeht, ist weg; was abfällt, ist da. Im Zweifel für den Schmerz. Sisyphos als Glücksrosa fällt cisseits ab ...

07.11.22

Nun aber bleibt Glaube, Hoffnung, Liebe – diese drei; aber die Liebe ist die größte unter ihnen (Bibel) – ach; es ist, was es ist, sagt die Klugheit.

08.11.22

Männerphantasien (Theweleit) und cis'art fallen Resié jetzt mal wieder knallhart auf ...

14.11.22

In der philosophischen Tradition, die mit Platon beginnt und sich mit Descartes, Husserl und Sartre fortsetzt, hat die ontologische Unterscheidung zwischen Seele (Bewußtsein, Geist)

25.09.22

Was aufgeht, ist weg, was abfällt, ist da, end/ich, dada da. *Da musste ich daran denken, dass ich bei der Vorbereitung für den ›Parsifal‹ in Bayreuth bei einer Szene in das Textbuch ›Erinnern heißt vergessen‹ geschrieben habe. Das heißt, dass jede Erinnerung eine Übermalung des Ereignisses ist und je nach Übermalung eben auch viel vergessen wird. Fragt sich, wann und wie ich die Übermalung meiner eigenen Guillotine in Angriff nehmen kann. (Schlingensief)*

24.09.22

Vorsprung Vorsilbe Vorleben Vorhof Vorhaut Nachbeben Nachname Nachruf Nachspiel Nachwort

22.09.22

Bruder Lethé Menetekel räkelt im Orakel – selbst'verdichtendes haSSen ▮ lassen

21.09.22

Ursprungsgegenwärtige Schónheitszeichen: *Alkohol zu trinken, seit sich die Zeichen zeigen, in der neuesten Zeit.* (Dath) lassen

und Körper stets Beziehungen der politischen und psychischen Unterordnung und Hierarchie gestützt. Der Geist hat den Körper nicht nur unterworfen; bisweilen nährt er auch das Phantasma, seiner Verleiblichung insgesamt entfliehen zu können. (Butler) fällt ab bleibt da

15.11.22

Wie die ontologische Unterscheidung zwischen SeeleBewusstseinGeist SGB 5.0 und Körper stets Beziehungen der politischen und psychischen Unterordnung und Hierarchie stützt, so stürzt Resié in den Zweifel, Zweifelschmerz. Die Unterscheidung zwischen ontologische Unterscheidung und was abfällt, ist eine Unterscheidung, die für Resié eine Unterscheidung macht und als Bewusstheit dableibt. Re'Sié räumt auf; Lebensthema fällt auf und ab. Trost ist nicht nötig.

16.11.22

Homö-o-pathie, Homö-o-saluté gehen auf, fallen ab, schleichen aus

17.11.22

Auto-Operative-Krümmung AOK geht auf fällt ab

135

Im Spiegelzelttrockeneisrauch fällt das Recht auf Rausch ab.

E-Mail-Einladung zu einem halbstündigen Kennenlerngespräch für einen cislationalen Beratungsauftrag Willkommenszentrum Berlin Potsdamer Straße 65 am #xx.xx.xx

Reflexionsparcours

Einleitung

Immanuel Kant: Grundlegung zur Metaphysik der Sitten.
abgerufen: 20.08.2022 https://www.aphorismen.de/zitat/87740

Jean Gebser (1978): Ursprung und Gegenwart – Die Manifestation der aperspektivischen Welt. Bd.III. Schaffhausen.

Arthur Schopenhauer: Die Welt als Wille und Vorstellung. aus: F. M. Alexander (2021): Der Gebrauch des Selbst. Norderstedt. S. II

Peter Sloterdijk (1999): Sphären I – Blasen. Frankfurt am Main. 2. Aufl. S. 41

Teil Eins

F. M. Alexander (2021): Der Gebrauch des Selbst. Norderstedt.

Hannah Arendt: Was ist Politik. in: Bernd Scherer, Olga von Schubert, Stefan Aue (Hrsg.) (2019): Wörterbuch der Gegenwart. Berlin. S. 445

Ingeborg Bachmann (1994): Das dreißigste Jahr Erzählungen. München. S. 36

Michael Balint (1991): Angstlust und Regression. Stuttgart. 3. Aufl.

Frank Biess (2019): Republik der Angst. Reinbek bei Hamburg.

Judy Chicago: Dinner Party. https://de.wikipedia.org/wiki/The_Dinner_Party abgerufen: 15.08.2022

Dietmar Dath (2021): Gentzen oder: Betrunken aufräumen. Berlin. S. 79

Maren Fischer-Epe (2006): COACHING: Miteinander Ziele erreichen. Reinbek bei Hamburg. 3. Aufl. S. 102

Jean Genet zitiert aus polylog William Haver: Die ontologische
Priorität von Gewalt – Zu einigen wirklich klugen Dingen über
Gewalt in Jean Genets Werk. S. 1
https://them.polylog.org/5/fhw-de.htm abgerufen: 15.08.2022

Roger Griffin https://de.wikipedia.org/wiki/Roger_Griffin
abgerufen: 18.08.2022

Donna J. Haraway: Ein Manifest für Cyborgs.
http://www.polar-zeitschrift.de/polar_06.php?id=298
abgerufen: 16.08.2022

Harlan, Rappmann, Schata (1984): SOZIALE PLASTIK
Materialien zu Joseph Beuys. Achberg. 3. Aufl. S. 100

W. F. Haug (1976): Vorlesungen zur Einführung ins „Kapital". Köln. 2. Aufl.

Friedrich Hölderlin: In lieblicher Bläue. https://lyrikzeitung.com/2019/11/21/
in-lieblicher-blaeue/ abgerufen: 19.08.2022

Dore Jacobs (1985): Die menschliche Bewegung.
Wolfenbüttel. 4. Aufl. S. 143

James Joyce (1991): Ulysses. Frankfurt am Main. S. 1015

Eduard Mörike: Er ist's. https://wortwuchs.net/werke/er-ists/
abgerufen: 16.08.2022

Timothy Morton (2019): Ökologisch sein. Berlin.

Herta Müller, Marcel Beyer: Die Dimensionen der Sprache. in:
Bernd Scherer, Olga von Schubert, Stefan Aue (Hrsg.) (2019):
Wörterbuch der Gegenwart. Berlin. S. 484

Martha Nussbaum (2019): Königreich der Angst. Darmstadt.

Frederick S. Perls (1989): Das Ich, der Hunger und die Aggression. München. S. 291

Jan Plamper (2019): Das neue WIR. Frankfurt am Main.

Platon (1979): Das Gastmahl oder Von der Liebe. Stuttgart. S. 86

Hans Joachim Schellnhuber (2015): Selbstverbrennung. München.

Ronald M. Schernikau: Kleinstadtnovelle ... Der letzte Kommunist ... https://www.buecher.de/shop/20-jahrhundert/der-letzte-kommunist/ frings-matthias/products_products/detail/prod_id/32625487/ abgerufen: 01.05.2022

Daniela Seel: Gedichte. in: Steffen Richter, Andreas Rötzer (Hrsg.) (2020): DRITTE NATUR. Berlin. S. 175

Richard Sennett (2008): Handwerk. Berlin. S. 11

Peter Sloterdijk (2009): Du mußt dein Leben ändern. Frankfurt am Main. S. 590

Timothy Snyder. https://plus.tagesspiegel.de/gesellschaft/ukraine-historiker-timothy-snyder-fur-putin-ist-die-deutsche-schuld-eine-ressource-452430.html abgerufen: 18.08.2022

Barbara Starrett (1978): Ich träume weiblich. München.

Rudolf Steiner (2005): Die Philosophie der Freiheit. Dornach.

Johannes Stüttgen (1993): Der plastische Umstülpungsvorgang. Wangen/Allgäu.

Greta Thunberg (2019): Ich will, dass ihr in Panik geratet! Frankfurt am Main.

Paul Watzlawick (2005): Anleitung zum Unglücklichsein/ Vom Schlechten des Guten. München.

Joseph Weizenbaum. https://kaum-intelligent.de/2021/12/31/ wer-war-joseph-weizenbaum/ abgerufen: 18.08.2022

Lambert Wiesing (2015): Luxus. Berlin.

Ludwig Wittgenstein (2003): Tractatus logico-philosophicus Logisch-philosophische Abhandlung. Frankfurt am Main. S. 111

Charlotte Wolff (2010): Augenblicke verändern uns mehr als die Zeit. Darmstadt. 2. Aufl. S. 261

Christa Wolf (2011): Kassandra. Berlin.

Slavoj Žižek: Unsere Antwort auf die Taliban – der kollektive Kampf gegen die Klimakatastrophe. Berliner Zeitung Wochenendausgabe 14./15.08.2021

Teil Zwei

Charles Baudelaire: Die Blumen des Bösen. München. S. 46

Dirk Baecker (2021): Katjekte. Leipzig. S. 7, 94

Carolin Emcke (2022): Für den Zweifel – Gespräch mit Thomas Strässle. Zürich. S. 60

Vilém Flusser (1994): Vom Subjekt zum Projekt – Menschwerdung. Bensheim und Düsseldorf. S. 22

Jean Genet (1980): Notre-Dame-Des-Fleur. Hamburg. 14. Aufl.

Elsa Gindler (1926): Die Gymnastik des Berufsmenschen. aus:
Helmuth Stolze: Die Konzentrative Bewegungstherapie. Berlin.
https://de.wikipedia.org/wiki/Elsa_Gindler
https://de.wikipedia.org/wiki/Konzentrative_Bewegungstherapie
abgerufen: 20.08.2022

Hans Jacob von Grimmelshausen (2021): Der abenteuerliche Simplicissimus
Teutsch. Ditzingen. S. 18

Friedrich Hölderlin: In lieblicher Bläue.
https://lyrikzeitung.com/2019/11/21/in-lieblicher-blaeue/
abgerufen: 19.08.2022

Immanuel Kant: Grundlegung zur Metaphysik der Sitten.
https://www.aphorismen.de/zitat/87740 abgerufen: 20.08.2022

Primo Levi (1992): Ist das ein Mensch? München. S. 63

John Henry Mackay: Der Puppenjunge https://www.lesejury.de/john-henry-
mackay/ebooks/der-puppenjunge/9783863003494
abgerufen: 19.08.2022

Karl Marx, Friedrich Engels (1973): Das Kapital. Berlin. Bd.23. S. 74

Timothy Morton (2019): Ökologisch sein. Berlin. S. 71, 132, 202

Herta Müller, Marcel Beyer: Die Dimensionen der Sprache. in:
Bernd Scherer, Olga von Schubert, Stefan Aue (Hrsg.) (2019):
Wörterbuch der Gegenwart. Berlin. S. 484

Wolfgang Müller (Hrsg.) (1982): Geniale Dilletanten. Berlin.

Susan Neimann (2004): Das Böse denken – Eine andere Geschichte
der Philosophie. Frankfurt am Main. S. 21

Katerina Schiná (2021): Die Nadeln des Aufstands. Bad Herrenalb. S. 44, 81

Richard Sennett (1990): Autorität. Frankfurt am Main. S. 237

William Shakespeare (1984): Hamlet. Stuttgart. S. 161

Peter Sloterdijk (1999): Spären I – Blasen. Frankfurt am Main. 4. Aufl. S. 41

Peter Sloterdijk (1999): Spären II – Globen. Frankfurt am Main. S. 622

Alfred Sohn-Rethel (1972): Geistige und körperliche Arbeit.
Frankfurt am Main. S. 192, 261

Verena Stefan (1976): Häutungen. München. 7. Aufl.

Robert J. Stoller (1979): Perversion – Die erotische Form von Hass.
Reinbek bei Hamburg. S. 31

Matthias Varga von Kibéd, Insa Sparrer (2005): Ganz im Gegenteil.
Heidelberg. 5. Aufl. S. 244

Charlotte Wolff (2010): Augenblicke verändern uns mehr als die Zeit. Darmstadt.
2. Aufl. S. 261

Ruth Zapporah https://en.wikipedia.org/wiki/Action_Theatre_(Ruth_Zaporah)
abgerufen: 21.08.2022

Teil Drei

Theodor W. Adorno: Gute Zitate. https://gutezitate.com/zitat/217428
abgerufen: 11.08.2022

Ai Weiwei (2021): 1000 Jahre Freud und Leid. München. S. 1 49

Thomas A. Bauer: Der Mensch, er selbst und sein Selbst im Universum der Medien – Zur Mediologie der Musterbildung von Werten am Beispiel von Selfie. Universität Wien.
https://www.academia.edu/41265162/Der_Mensch_er_selbst_und_sein_ Selbst_W_Achse_?email_work_card=thumbnail
abgerufen: 26.07.2022

Wilhelm Busch: Ein dicker Sack http://www.gedichte.jobaloha.de/text/314/ ein.dicker.sack/ abgerufen: 12.08.2022

Erik H. Erikson (1975): Der junge Mann Luther. Frankfurt am Main.

Hubert Fichte (1982): Versuch über die Pubertät. Frankfurt am Main. S. 21

J. W. Goethe: Projekt Gutenberg.
https://www.projekt-gutenberg.org/goethe/meisterw/mstw212c.html
abgerufen: 01.08.2022

Friedrich Nietzsche: Also sprach Zarathustra. in: Karl Schlechta (Hrsg.) (1969): Werke II. München. 6. Aufl. S. 746

Luise F. Pusch (Hrsg.) (1983): Feminismus – Inspektion der Herrenkultur. Ein Handbuch. Frankfurt am Main.

Rainer Maria Rilke (1978): Ausgesetzt auf den Bergen des Herzens. insel taschenbuch 98. 3. Aufl. S. 89

Peter Sloterdijk (2004): Spären III – Schäume. Frankfurt am Main. S. 811

Teil Vier

Theodor W. Adorno (1969): Minima Moralia. Frankfurt am Main. S. 42

Katrin Asper (1990): Verlassenheit und Selbstentfremdung. München.

Jan Assmann: Etymographie – Zum Verhältnis von Bild und Begriff in der ägyptischen Hieroglyphenschrift, in: polylog Zeitschrift für interkulturelles Philosophieren, 15-2006. S. 68

Doris Bischof-Köhler (2000): Kinder auf Zeitreise. Bern. S. 11, 22

Ernst Bloch (1980): Das Prinzip Hoffnung. Frankfurt am Main.
Erster Band. 7. Aufl. Buchrücken

Dietmar Dath (2021): Gentzen oder: Betrunken aufräumen. Berlin. S. 374

Michael Ende: Die unendliche Geschichte.
https://www.myzitate.de/michael-ende/ abgerufen: 01.12.2022

Hubert Fichte (1982): Versuch über die Pubertät. Frankfurt am Main. S. 21

Heide Göttner-Abendroth (1982): Die tanzende Göttin – Prinzipien einer matriarchalen Ästhetik. München. 1. Aufl.

Byung-Chul Han (2022): VITA CONTEMPLATIVA – Oder von der Untätigkeit. Berlin. S. 44, 48, 51

Karl-Heinz Kohl, Richard Kuba, Hélène Ivanoff (Hrsg.) (2021):
Kunst der Vorzeit – Felsenbilder. Zürich.

Peter Laudenbach – Text: Neues Spiel, neues Glück. in: tip Berlin.
14 Tage Stadt. Kultur. Programm. 1.–14.9.2022. S. 64

Rudolf Meyendorf: Kommentar und Erläuterungen zum Erlebnisbericht einer Depression und ihrer Heilung. in: Anne Klein (1991): ... und plötzlich überfiel mich Todesangst. Stuttgart. S. 113

Herta Müller (2021): Der Beamte sagte. München. S. 64

Museum Rietberg (2011): Mystik – Sehnsucht nach Vollkommenheit. Zürich.

Jonas Niederstadt (2020): Stop Thinking http://somatischepraxis.berlin/stop-thinking/ abgerufen: 27.08.2022

Gerhart Schröder (2013): Die Kunst, anzufangen. München. S. 24

Slavoj Žižek: Kniefall vor dem starken Mann. https://www.tagesspiegel.de/politik/kniefall-vor-dem-starken-mann-die-schoengeredete-vergewaltigung/28609898.html abgerufen: 19.08.2022

Teil Fünf

Tilmann Betsch (2022): Science matters! Wissenschaftlich statt querdenken. Berlin.

Bibel (1970): Neues Testament – 1. Korinther 13. Stuttgart.

Sandro Botticelli: Der Bilderzyklus zu Dantes Göttlicher Komödie. Ausstellungskatalog 15. April – 18. Juni 2000. Berliner Kupferstichkabinett

Judith Butler (2003): Das Unbehagen der Geschlechter. Frankfurt am Main. S. 31

Judith Butler (2003): Kritik der ethischen Gewalt. Frankfurt am Main. Buchrücken

Dietmar Dath (2021): Gentzen oder: Betrunken aufräumen. Berlin. S. 583

Hartmut Davin (1992): LebensSeitenDaten LSD Nr.16. Eintragung 9.8.92.
Unveröffentlicht.

René Descartes (2009): Meditationen – Mit sämtlichen Einwänden
und Erwiderungen. Hamburg. S. 69

Jutta Ditfurth (1992): Feuer in die Herzen – Plädoyer für eine
ökologische linke Opposition. Hamburg. S. 15

Peter Fonagy, György Gergely, Elliot L. Jurist, Mary Target (2008):
Affektregulierung, Mentalisierung und die Entwicklung des Selbst. Stuttgart.
3. Aufl. S. 11ff, 70

Johann Wolfgang Goethe (1961): Der West-östliche Divan. dtv Gesamtausgabe 5.
München. S. 1 91

Heide Göttner-Abendroth (1982): landschaften aus der gegenwelt.
edition hagia (Selbstverlag). München. 1. Aufl. S. 11

Yuval Noah Harari (2017): Homo Deus – Eine Geschichte von Morgen.
München. S. 532

Harlan, Rappmann, Schata (1984): SOZIALE PLASTIK
Materialien zu Joseph Beuys. Achberg. 3. Aufl. S. 49

Andreas Reckwitz (2018): Gesellschaft der Singularitäten. Berlin. 5. Aufl.

Christoph Schlingensief (2009): So schön wie hier kanns im Himmel gar nicht
sein – Tagebuch einer Krebserkrankung. Köln. 3. Aufl. S. 146

Michael Taussig (2011): Feldforschungsnotizbücher, in: dOKUMENTA (13)
Das Buch der Bücher Katalog 1/3. Ostfildern 2012. S. 65

Klaus Theweleit (2019): Männerphantasien. Berlin. 2. Aufl.

Symbol, Zeichen und Laut

Der Terminus Symbol – altgriechisch sýmbolon ‚Erkennungszeichen' oder auch Sinnbild – wird allgemein für Bedeutungsträger wie Zeichen, Wörter, Gegenstände, Vorgänge etc. verwendet, die eine Vorstellung bezeichnen von etwas, das nicht gegenwärtig zu sein braucht. Welche Vorstellung dann mit dem ‚Symbol' konkret gemeint ist, wird im Gebrauch genauer und zum Teil sehr unterschiedlich definiert.
https://de.wikipedia.org/wiki/Symbol abgerufen: 06.06.2022

l< atjektsymbol
Die Absicht eines Katjekts liegt in der Einlösung einer Reflexion.

l<
Der Selbstgebrauch ist durch Umstülpung solidarisch ausgerichtet.

Heilsamen Selbstgebrauch mittels fünf Schónheitszeichen ausrichten

1 schön 2 schoen 3 immer schon 4 epoché-schoen 5 schón

Symbol	Zeichen	Wortlaut
1 schön Schónheitszeichen	›#‹	Doppelkreuzalphabeat
2 schoen Schónheitszeichen	› ■ ‹	verheerender Hängebalken
3 immer schon Schónheitszeichen	›’‹	warnender Spalt
4 epoché-schoen Schónheitszeichen	›/‹	richtender Que(e)rstrich
5 schón Schónheitszeichen	›’‹	Epochéresonanz-accent-aigu

Anders gesagt, entscheidet der Zufall (was für ein seltsamer Satz!) darüber, was in die Sammlung gelangt, und der Zufall entscheidet, wie es verwendet wird. (Man stelle sich eine Sozial-Wissenschaft vor, die sich nicht nur zu diesem Prinzip bekennt, sondern damit arbeitet!) Dies scheint mir eine aufschlussreiche Charakterisierung des Notizbuchs eines Feldforschers zu sein. Doch ich möchte noch eine weitere Eigenschaft hinzufügen, die die Magie der magischen Enzyklopädie ausmacht, nämlich die Art und Weise, wie das Notizbuch eigentlich eine Erweiterung des Selbst ist, wenn nicht sogar mehr Selbst als man selbst, wie ein ganz neues Organ neben dem Herz und Hirn, um nur die sinnträchtigsten Organe unseres inneren Selbst zu nennen.
Michael Taussig (2011): Feldforschungsnotizbücher, in: dOKUMENTA (13); Das Buch der Bücher, Katalog 1/3, Ostfilden 2012, S. 65

Matrizieller Raum und Selbstgebrauch

Der Autor betrachtet das Brainstorming als *State of the Art* eines Selbstanfangs, der im *Dancing the Alphabéat* Mentalbewegungen vollzieht (Gerhart Schröder (2013): Die Kunst, anzufangen. München). Gedankensplitter, Gedichte und Zitate unterschiedlichster Ausführlichkeit und Provenience bilden den Reflexionsparcours in Form eines primärdualen Vollmondduetts mittels Zeichen, Buchstaben, Worte und Sätze für neuesten Gebrauch des Selbst selbst (Richard O. Prum (2022): Die Evolution der Schönheit. Berlin). Sollten dieser Zeichenlust und Wortfreiheit entgegen Ansprüche von Abdruckrechten geltend gemacht werden, bittet der Autor um direkte Kontaktaufnahme: davin@penthaon.de

Zum Autor

Hartmut Davin lebt in seiner Wahlheimatstadt Berlin.
Als zwanzigjähriger Student 1978 nach Berlin gezogen,
verbringt er sein Leben in der Stadtgesellschaft,
auf die er in seinen biografischen Übergängen
leiblich und geistig immer wieder zugeht

#xx.xx.xx